죽기 위해 자살하는 게 아니다

죽기 위해 자살하는 게 아니다

오진탁 지음

대한민국은 성공, 사회는 위기?

죽고 싶어 자살하는 사람은 없다

왜 자살해서는 안되는가

죽음을 알면 자살하지 않는다

ⅰB 인터북스

저자 서문

우리 사회는 정신적 폐허 속에 있다

우리 사회는 1997년 '외환위기', 2002년 '카드대란', 2009년 '국제금융위기', 2012년 '유로존 위기', 2020년부터 '코로나19'를 3년 동안 거치면서 경제위기의 이면에서 진행되고 있는 소리 없는 아우성이 사회 위기로 전개되고 있다. 사회위기는 경제 위기보다 훨씬 심각하다. 극단주의 세력의 득세와 정치의 실종, 경제적 가치 편중과 물질만능, 가치관의 붕괴와 새로운 가치관의 부재, 교권의 추락과 교실의 붕괴, 가족관계의 약화 혹은 해체, 외로운 노인의 증가, 묻지마 살인, 폭력적인 인터넷 문화, 스트레스와 우울증의 만연 등 사회병리 현상은 일단 생겨나면 쉽게 없어지지 않는다.

모건스탠리 보고서에 따르면 우리나라는 2022년 1인당 명품 소비를 제일 많이 했다. 미국 퓨(Pew) 리서치센터가 '삶을 의미있게 만드는 가치' 설문조사에서 선진국 중 유일하게 '경제적 능력'을 삶에서 가장 중요한 가치로 꼽는다. 인간이 돈의 주인이 아니라 돈이 인간의 주인이 되어 우리 사회에서 유일한 가치 기준이 되었다. 경제적 가치는 그 자체가 목적이 아니라 수단에 불과하건만, 도구적 가치를 유일한 삶의 목적으로 삼아 더 중요한 다른 가치를 시궁창으로 몰아넣는다.

행복학 전문가 에디 디너 교수는 지적한다. "한국은 지나치게 경제(물질) 중심적이고, 사회적 관계의 질이 낮다. 경제중심의 가치관은 사회적 관계나 개인의 심리적 안정 등 다른 가치를 희생하고 있다." 사람들은 '돈이 많으면 행복할 것'이라고 착각한다. 돈의 효용에도 한계체감의 법칙이

적용된다. 한국 사회가 이 상태로 간다면 국민소득이 오르더라도, 행복해질
수 없다.

　인문학계의 원로 김우창 교수도 한국 사회를 '정신적 불행이 일상화된
사회'라고 진단한다. "한국 사회는 정신적 폐허 속에 있다. 위기 상황의
심각성은 결코 가볍지 않다. 마음속에 계속돼야 하는 정신적 성찰이 다 없
어졌다. 정신적으로는 전후 독일과 같은 폐허 속에 있다. 지금 우리 사회가
어느 시기보다도 큰 외면적 번영을 누리고 있음에도 불구하고, 행복을 느
끼지 못하는 것은 공동체의 붕괴로 인해 정신까지 붕괴되었기 때문이다."

자살예비군 급증이 핵심 포인트

　우리 사회는 1997년 외환 위기 이후 자살률이 증가해 2003년부터 OECD
가입국 중 1위를 오랫동안 기록하고 있는데, 경제적·사회적 상황의 악화로
인해 자살 충동자가 양산되고 있다. 취업포털 '사람인'이 2011년 2030세대
성인남녀 1,837명을 대상으로 실시한 조사결과는 충격적이다. 22.5%는 "실
제로 자살을 시도해봤다"고 응답했고, 63.3%는 스트레스가 심각한 상태라
답했다. 또 한국대학생교육협의회가 2018년 대학생 2600명 대상으로 조사
한 결과 자살위험군이 14.3%에 달했다. 불안증상은 74.5%, 우울증상은
42.3%가 앓고 있었다.

　자살자가 2021년 1만 3,352명, 2022년 1만 2,906명이었는데, 자살자
13,000여 명은 사실 빙산의 일각에 불과하다. 문제의 핵심은 자살률 증가가
아니라 자살 충동자와 시도자, 즉 자살예비군의 양산이기 때문이다. 자살예
비군은 얼마나 될까. 자살을 시도한 사람은 자신의 아픈 상처를 누구에게도
말하지 않을 수 있다. 부모도, 절친한 친구도 그의 아픔을 모를 수 있으니까,
자살 시도자 추산은 쉽지 않다. 일반적으로 자살자에 100을 곱해 자살 시도
자를 추정하므로, 우리 사회의 자살자 13,000여명에 100을 곱하면, 자살 시

도자는 약130만 여명으로 추산된다. 자살률이 1997년 외환위기 이후 급증했고, 2030세대 22.5%가 자살을 시도했다고 밝혔으므로, 20여 년간 누적된 자살 시도자는 얼마나 될까.

자살자 통계, 신뢰할 수 있을까?

출생신고제가 허술하듯이, 사망신고서 역시 허술하기는 마찬가지다. 가족이 제출하는 사망신고서를 수거해 통계 내는 방식으로 통계청은 자살률 통계를 산정하고 있는데, 자살을 사실대로 신고하기를 꺼리는 사회 분위기를 감안해야 한다. 가족이 사망신고서에 자살이라고 기입하지 않을 가능성이 있으므로, 가족이 제출한 사망신고서를 근거로 매년 집계하는 자살 통계는 정확할 수 없다.

경찰청도 자살자 통계를 산출하지만, 경찰청 자살자 통계와 통계청 자살자 통계는 차이가 난다. 통계청 자살자 통계는 가족의 사망신고서에 입각해 통계를 산출하지만, 경찰청은 사고가 났을 경우 경찰이 직접 현장에서 조사를 진행해 자살은 자살이라 표시하고 사인이 불명인 경우 '불상不詳'이라 표시한다. 통계청은 주민번호가 확인되지 않거나, 미신고 혹은 지연 신고되는 경우, 당해년도 자살 통계에 넣지 않고 있다. 유족이 없어 신고가 안되거나, 신원미상 노숙자의 경우, 또 자살하고서도 가족이 병사病死라고 사망신고서에 적어 제출하는 경우, 통계청의 자살통계에 잡히지 않는다.

학생과 청소년 자살의 경우, 2016년부터 2020년까지 5년간 교육부는 654명, 경찰청은 1,059명으로 발표했으므로, 경찰청 자살통계가 약1.6배 더 많았다. 이와같이 통계청과 경찰청, 교육부와 경찰청의 자살통계도 차이가 크다. 현재 우리 사회는 통계청 자살률 통계를 바탕으로 자살정책을 입안하고 있는데, 사망신고서에 가족이 사망원인을 정확하게 표기하고 자살자 숫자를 정확하게 파악하는 문제를 사회적으로 공론화할 필요가 있다.

자살하면 모든 게 해결된다?

자살은 개인적 고민과 사회문제가 원인으로 작용한다. 개인의 고민과 사회병리현상은 당사자가 원하는 대로 해결해 주는 것은 쉽지 않다. 또한 사람들은 개인적 고민이나 사회적 문제만으로 자살하는 게 아니다. 자살에 또 다른 원인이 있다. 우리 사회에는 살다가 힘들면 자살이 해결책이라도 되는 듯이 생각하는 사람들이 많다. "죽으면 다 끝나니까, 자살하면 삶의 고통에서 벗어난다. 자기 판단에 따라 자살해도 된다."

자신만 죽어버리면 모든 일이 해결되는 것처럼 자살을 도피의 수단으로 착각하는 사람들이 많다. 자살을 시도하는 사람들은 "죽으면 모든 것이 해결된다"는 잘못된 인식을 갖고 있다. 개인적 고민이나 사회적 문제 이외에, 자살과 죽음에 대한 오해도 자살을 부추긴다. 자살 문제를 임시방편, 미봉책으로 해결할 수 없는 이유도 바로 여기에 있다. "자살은 해결책이 아니다. 죽는다고 고통에서 벗어나는 게 아니다." 이런 사실을 우리 사회에서 누가 차분히 설득력 있게 말할 수 있는가? 자살자가 양산되고 있는 이유는 죽음을 심도있게 가르치고 있지 않기 때문이다.

죽음이 현실 고통의 도피구가 될 수 없다는 사실, 누구든지 정확하게 알아야 한다. 「자살예방의 철학」을 교육받은 자살 시도 학생들은 자살에 대한 생각이 완전히 달라졌다. "자살은 현실에서 도피하는 수단일 뿐 고통에서 벗어나는 게 아니다." "삶이 고통스러워도, 고통은 삶의 과정에서 누구나 마주치게 되니까, 고통을 수용해 극복하는 일이 우리가 할 일이다." "우울증에 시달리면서 병원에 다녔지만, 나아지지 않았다. 죽음을 배웠더니, 세상을 보는 눈이 크게 달라졌다. 친구가 힘들어서 자살하겠다 말하면 나도 이제 충분히 설득시킬 수 있을 것 같다."

죽기 위해 자살하는 게 아니다 : 죽음을 알면 자살하지 않는다

첫째, 그가 원하는 것은 바로 삶, 죽음이 아니다.

둘째, 삶에서 원하는 게 되지 않으니까 죽음으로 뛰어드는 것일 뿐.

자살자 유서를 분석했더니, '살고 싶은 욕구' 역시 표출되어 있었다. 자살자는 삶과 죽음의 갈림길에 서 있었다. 자살자는 죽고 싶은 게 아니라 살고 싶었던 것이었다. 어떤 자살자는 삶을 위해 복권을 구입하고 또 자살하기 위해 칼도 준비했다. 두 가지 갈림길에서 깊이 고민했다. 끝이 보이지 않는 깜깜한 터널 속에 갇혀있는 것처럼, 돌파구가 보이지 않을 때, 사람들은 절망에서 벗어나기 위한 유일한 방법으로 '죽음'을 떠올린다. 사람들은 고통스러운 상황을 벗어나길 간절히 바라며 그것을 벗어날 방법이 없다고 느낄 때, 자살을 시도하는 것일 뿐, 결코 죽음을 원하는 것은 아니다. 어떤 정신건강 전문의사도 첫 번째 자살 위기 이후, 심한 우울증을 앓으며 '죽고 싶다'는 생각에 사로잡히게 되었다고 고백했다.

자살자도 죽음은 피하고 싶어 한다. 삶에 더 이상 머물 수 없어서 자살하는 것일 뿐이다. 자살하면 그의 희망대로 현실의 고통에서 벗어나게 되는지, 과연 어떻게 되는 지, 분명히 알려주어야 한다. 죽음에 대한 정확한 이해를 바탕으로, "죽는다고 다 끝나는 게 아니다. 자살한다고 해결되는 게 아니다"는 사실을 정확하게! 가르칠 수 있다면, 더 이상 자살을 생각하지 않을 것이다. 죽는다고 다 끝나는 게 아니므로, 자살하면 고통이 커진다는 사실을 확실하게 알게 된다면, 누가 자살하겠는가.

J양은 자살을 두 번 시도했고, 주변에 자살자가 세 명 있었다. 학생은 '자살은 용기 있는 선택'이라 생각했다. 자살 시도는 자신을 괴롭혔던 사람에게 복수하는 것이라 다짐했다. 그 당시엔 마음대로 죽을 수 없어 고통을 느꼈다. 그러나 수업을 다 듣고 생각이 바뀌었다. 수업을 듣기 전에는 고통스

러운 현실에서 벗어나리라는 기대감으로 자살을 시도했다. 수업을 듣고서 자신의 어리석음에 소름마저 끼친다고 말했다. 생사학 교육을 받은 이후 더 이상 자살을 생각하지 않는 자신이 솔직하게 증언한다면, 훨씬 효과가 있을 것이라 생각해 공개적으로 증언하기도 했다

그러므로 우리 사회에 효과적인 자살 예방법이 없는 것은, 죽음과 자살에 대한 충분한 이해 없이, 위기대응 위주로 자살 예방을 진행해 왔기 때문이다. 우리 사회는 1차 예방교육의 토대 없이, 2차 위기개입과 3차 사후관리 위주로 자살 예방을 진행했다. 죽는다고 다 끝나는 게 아니고 또 자살한다고 고통이 없어지지 않는다는 사실, 죽음을 정확하게 가르침으로써 자살을 효과적으로 예방할 수 있다. 생사학 교육을 통해 학교와 사회에서 첫째 죽으면 다 끝나는 지, 둘째 자살한다고 고통이 왜 해결될 수 없는 지, 셋째 어떻게 살아야 하는 지, 넷째 삶을 잘 마무리하기 위해서는 죽음을 어떻게 준비하고 어떻게 죽어야 하는 지, 차분히 가르치는 게 바로 자살 예방의 기본교육으로, 삶과 죽음에 대한 준비 교육이기도 하다.

춘천 봉의산 밑에서
2023년 9월 오진탁

차 례

/ 제3부 /

죽고 싶어 자살하는 사람은 없다

/ 제4부 /
죽음을 알면 자살하지 않는다

01
CHAPTER

대한민국은 성공, 사회는 위기?

대한민국은 성공, 국력은 세계 6위

영국 5위, 한국 6위, 프랑스 7위, 일본 8위

한국이 전 세계 국가별 국력 평가 순위에서 6위에 올랐다는 보고서가 나왔다. 미국 뉴스매거진 US뉴스&월드리포트는 최근 글로벌 마케팅 커뮤니케이션 기업, 펜실베이니아대 와튼스쿨과 함께 공동 조사해 발표한 '2022 최고의 국가'에서 한국이 '전 세계 국력 랭킹(Power Rankings)' 부문 6위를 기록했다고 보도했다.

이 조사는 전 세계 1만7000여 명을 대상으로 85개국의 모험성, 민첩성, 문화적 영향, 기업가 정신, 문화적 유산, 이동 인구, 기업 개방성, 국력, 삶의 질, 사회적 목적 등 10개 항목의 점수를 계산해 순위를 정했다. 한국은 국력 부문에서 ▲수출 호조 84점 ▲경제적 영향 79.8점 ▲군사력 79.1점 ▲국제 외교 66.4점 등 좋은 점수를 받았다. ▲정치적 영향력(48.6점) ▲리더십 역량 (22.5점)에선 다소 낮은 점수를 받았지만 종합 점수 64.7점으로 6위를 기록했다.

국력부문 1위는 미국(100점)이었다. 중국(96.3점), 러시아(92.7점), 독일(81.6점), 영국(79.5점)이 2 ~5위를 차지했다. 지난해 6 위였던 일본은 두 단계 내려 가 8위(63.2점)로 집계됐다. 프랑스는 지난해와 같은 7 위(63.3점)를 유지했다. US 뉴스&월드리포트는 한국에 대해 "1960년대부터 꾸준히 성장해 2022년 수출액 세계 6위, 경제 규모 세계 11위에 올라섰다"고 소개했다. 서울 에 대해서는 "주요 수출품 인 기술력과 자동차를 대표

전 세계 국력 순위

순위	국가명	전년 대비
1위	미국	-
2위	중국	-
3위	러시아	-
4위	독일	-
5위	영국	-
6위	한국	▲ 2
7위	프랑스	-
8위	일본	▼ 2
9위	아랍에미리트	▲ 1
10위	이스라엘	▲ 1

*자료: U.S. News

하는 삼성, 현대, 기아의 본사가 있는 곳"이라고 했다.[1]

동아시아 주변국에서 세계의 중심국으로 도약

서울대의 싱크탱크 국가미래전략원의 첫 연차 보고서에 따르면, "한 국은 동아시아 주변국에서 세계의 중심국으로 도약했다"고 단정적으로 밝혔다. 초강대국(super power)은 아니지만 강대국(great power)으로 부 상했다는 것이다. 1인당 국민소득 3만 달라 이상, 인구 5천만 이상 국가 는 미국, 영국, 독일, 프랑스, 이태리, 일본, 한국 모두 7개국이다. G7 국가가 아니면서 5000만 이상 인구에 국민소득 3만 달러가 넘는 국가는

---

1) 동아일보 2023년 1월3일

한국 뿐이다.

우리나라는 2022년 세계 6위의 수출 대국이고 군사력도 2005년 14위에서 2023년 6위로 상승했다. 국가미래전략원 원장인 김병연 교수는 "한국은 배터리·바이오·반도체 등 차세대 3대 산업에 대량 생산이 가능한 유일한 나라인 데다 방위산업과 한류로 대표되는 소프트파워도 막강해 강대국, 그것도 초일류 강대국 지위를 인정받기 충분하다"고 했다. 따라서 한국은 '초일류 강대국'을 지향하면서 주변국 아닌 '중심국'으로 국가 전략을 추진해야 한다고 보고서는 제안한다.[2]

교육 수준 역시 세계 최고. 2019년 경제협력개발기구(OECD)가 발표한 25~34세 청년층 대학진학률이 OECD 평균은 45%지만 한국은 70%. 문화 예술 분야의 영향력도 눈부신데 K-팝, K-드라마, K-무비 등 한국의 대중문화는 지구촌 곳곳에서 유명세를 누리며 사랑받는다. 클래식 예술계와 스포츠 분야에서도 세계적인 스타들이 줄줄이 배출되고 있다.

---

2) 중앙일보 2023년 6월7일

자살, 우리 사회를 읽는 유행 코드

1997년말 외환위기 등 경제위기 때마다 자살률 폭등

그러나, 모든 빛은 그림자를 동반한다. 초고속 경제 성장의 화려한 이면에 정신적으로 미숙하고 불안정한 상태에서 손익 계산에 몰두하는 한국인의 자화상이 짙게 드리워져 있다. 김용이 2012년 세계은행 총재가 됐을 때, 각국 정상들로부터 '한국의 기적'에 대한 찬사를 듣고 매우 기뻤다. 사람들은 그를 만날 때마다 한국이 어떻게 약 두 세대 만에 세계 10위권 경제 대국으로 고속 성장했는 지 물었다. 게다가 최근엔 K팝과 한류가 세계인의 사랑을 받는 문화 현상이 됐다. 하지만 한국의 성공이 정점에 도달한 것처럼 보이는 이 시점에 각국 리더들로부터 조금 다른 질문을 듣곤 했다. "한국은 큰 성공을 거둔 것으로 보이지만, 자살률은 왜 이렇게 높은가?" 또 다른 지도자들은 한국의 출생률이 세계에서 가장 낮다는 사실을 언급하며 "한국은 도대체 어디서부터 잘못된 것인가?"라고 묻기도 했다.3)

---

3) 중앙일보 2023년 9월13일

영국 주간지 이코노미스트에 최근 경제협력개발기구(OECD) 회원국 가운데 한국이 자살률 1위라는 사실과 함께, 여성 자살률이 증가하는 추세를 지적했다. 자살률은 1위를 오랫동안 지키고 있고, 출산률은 2022년 세계 최저 0.78명이므로, 사회적 재앙 수준이다.[4] 자살률 통계를 보면 해외 언론이 한국에 주목하는 이유를 알 수 있다.

연도	자살률	자살자	
2019년	26.9명	1만 3799명	
2020년	25.7명	1만 3195명	
2021년	26명	1만 3352명	OECD 평균 자살률 11.1명
2022년	25.2명	1만 2906명	

OECD 회원국과 비교하면, 한국의 자살률 순위는 1985년부터 1993년까지 하위권이었다. 그러나 (1) 외환위기가 발생한 1997년 자살률 13위, 1998년 7위를 기록했는데, 외환위기 이후 2003년부터 현재까지 OECD 회원국 중 1위를 차지했다.[5] (2) 카드대란이 벌어진 2003년을 살펴보면,

---

4) '국가소멸' 위기론이 더욱 불거졌다. 세계 최저의 합계 출산률 국가라는 불명예 기록이 또다시 깨졌다. 통계청의 '2023년 6월 인구동향'에 따르면, 2분기 합계 출산률은 0.70명으로, 1년 전보다 0.05명 줄었다. 사망자가 출생아를 웃돌면서 인구는 44개월째 감소했다. 경제협력개발기구(OECD) 회원국 가운데 합계 출산률이 1명 아래인 국가는 한국이 유일하다. 2022년 OECD 국가 중 한국(0.78명)에 이어 꼴찌에서 둘째인 이탈리아의 합계 출산률이 1.24명. 한국의 출산률은 현재 전쟁 중인 우크라이나(1.3명)에도 미치지 못한다. 우리 사회에서 가정을 이루고 아이를 낳아 살아가는 게 포탄이 떨어지는 전쟁 국가 보다 더 힘들다는 얘기다. 최근 EBS 다큐멘터리에서 미국인 교수는 "한국의 인구 절벽 현상을 지적하면서 한국은 완전히 망했다"고 말했다.(중앙선데이 2023년 9월2일)
5) 2003년부터 20년간 두 번만 제외하고 1위를 했다. 리투아니아가 1위 한 적도 있지만, 리투아니아는 인구 280만에 불과한 도시국가.

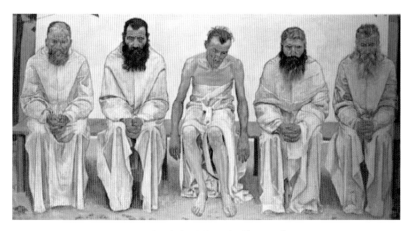

호들러 '삶에 지친 사람들'(1892년)

자살률이 2002년 18명, 2003년 22.7명으로 급증, 1년간 자살률이 4.7명이나 증가했다. 그 이후 증가하지 않았던 자살률은 (3) 글로벌 금융위기가 발생한 2008년 26명, 2009년 31명으로 크게 증가했다. 자살률이 크게 증가한 시기는 국가 경제가 심각한 위기상황으로 몰렸던 외환위기, 카드대란, 글로벌 금융위기라는 공통점을 지닌다. 따라서 자살률 급증은 전적으로 국가의 사회적, 경제적 파탄 때문이다.

세 차례 자살 폭증 수치를 보면 국가 전체의 경제 위기가 어떻게 개인들을 죽음으로 내몰았는 지 한 눈에 파악할 수 있다. 1988년 한국의 자살률은 회원국 자살률 평균의 절반에 불과했다. 그러나 지금은 두 배가 넘고 있다. 결국 국가의 경제 실패와 사회 정책 결여가 개인들을 자살로 내몰았던 것이다. 국가의 경제정책 실패가 없었더라면, 또 경제위기가 발생했다 하더라도 사회안전망을 갖춰 놓았더라면, 자살률은 다른 나라 보다 높지 않았을 것이다.[6] 지금도 우리 사회는 사회안전망이

---

6) 경향신문 2023년 5월12일

충분하게 준비되어 작동되고 있지 않다.

10~20대 자살률, 4년 만에 40% 증가

서울 강남구에서 2023년 4월 여학생 A양이 극단 선택하는 모습이

유명 연예인의 자살은 사회에 커다란 영향을 미친다.

소셜미디어(SNS)로 생중계돼 큰 충격을 안겼다. 이 과정을 수십 명이 실시간으로 시청했고, 계속해서 자극적인 것을 찾는 온라인 관음증과 삶의 마지막까지 생중계하는 지나친 SNS 의존증이 사회적 이슈로 대두했다. 문제는 극단선택을 암시하는 메시지가 광범위하게 퍼져가고 있다는 점이다. 실제로 A양이 활동했던 인터넷 커뮤니티의 우울증 갤러리는 극단선택 관련 글이 종종 올라온다.

그러나 더욱 본질적인 것은 10~20대의 취약해진 정신건강을 회복하는 일이다. 교육부 통계에 따르면, 2022년 자살한 초·중·고생은 193명으로 5년 전(2018년 144명)보다 34.0% 늘었다. 고등학생은 32.6%(89명→118명), 중학생은 23.1%(52명→64명) 증가했고 초등학생은 266.7%(3명에서 11명) 늘었다. 초등학생 자살은 굉장히 예외적인 일로 통계에서도 '0'에 가까운 숫자였는데, 최근 급격히 늘었다.

건강보험심사평가원에 따르면, 10대 청소년 우울증 진료환자는 2017년 3만273명에서 2021년 5만7587명으로 90.2% 증가, 20대의 경우 2017년 7만8016명에서 2021년 17만7166명으로 127% 급증했다. 20대 불안장애 환자도 같은 기간 5만9080명에서 11만351명으로 87% 늘었다. 자살률도 심각하다. 유독 10~20대 자살률은 계속 늘고 있다. 2017~2021년 20대 자살률은 16.4명(10만 명당)에서 23.5명으로 40% 증가했다. 신의진 연세대 정신건강의학과 교수는 '학생 마음 건강 챙김' 토론회에서 "서울의 한 유명 대학병원에 30개 정신과 보호(폐쇄) 병동 환자 90%가 자해 등으로 입원한 14~15세 아이들이다. 자리가 없어 극단적 선택을 시도한 어른들도 정신과 보호병동에 못 간다"라고 심각한 상황을 전하기도 했다.[7]

---

7) 중앙일보 2023년 4월22일, 7월17일

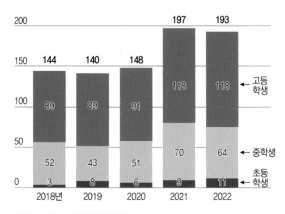

극단적 선택한 청소년들

단위: 명

자료: 교육부, 정경희의원실

2030세대 22.5% 자살 시도

우리 사회에서 자살현상의 심각성은 이제 외국 언론에서도 단골 이슈가 되었다. 자살 사망자 급증도 문제이지만, 보다 우려되는 점은 여러 차례 실시한 자살충동에 대한 조사결과를 감안해 보았을 때 경제적·사회적 상황의 악화로 인해 자살 충동자와 시도자가 양산되고 있다는 점이다. 문제의 핵심은 자살률 증가가 아니라 자살 충동자와 시도자, 즉 자살예비군의 양산이다.

취업포털 '사람인'이 2030세대 성인남녀 1,837명을 대상으로 2011년 5월에 실시한 조사결과는 충격적이다. 20~30대 성인 남녀 22.5%는 "실제로 자살을 시도해봤다"고 응답했고 응답자 중 63.3%는 스트레스가 심각한 상태인 것으로 나타났지만 전문가의 도움을 받아본 경험이 있는 응답자는 10%에 불과했다. 더욱 놀라운 것은 조사 시점이 최근이

아니라 2011년 5월이라는 사실이다.[8]

자살충동과 스트레스 설문조사: 22.5% 실제로 자살 시도	
42.5% 스트레스로 자살 생각	
50.4% 스트레스 심각	합계 63.3% 스트레스 심각
12.9% 매우 심각	

자살예비군 급증이 핵심 포인트

2030 세대 1837명 대상 조사에서 자살시도자가 22.5%라는 결과는 놀라웠다. 100명 중 22.5명이 자살을 시도했다는 조사결과를 5천만 전체에 적용하는 것은 상상하기도 싫다. 또한 자살률이 높은 것도 문제지만, 정말 심각한 것은 "자살이 해결책이 된다", "자기 판단에 따라 자살할 수 있다", "죽으면 삶도 끝나고 고통도 끝난다"고 생각하는 사람들이 상당히 많다는 사실이다. 이렇게 생각하는 사람이 5천만 가운데 얼마나 될까?

따라서 자살자 13,000여 명만이 문제가 아니다. 자신만 죽어버리면 모든 일이 해결되는 것처럼, 자살을 도피의 수단으로 착각하는 사람들이 많다는 사실이 더 큰 문제이다. 자살문제를 임시방편, 미봉책으로 해결할 수 없는 이유도 바로 여기에 있다. 우리 사회에서 "자살은 해결책이 아니다", "자기 판단에 따라 자살해서는 안된다", "죽는다고 고통에서 벗어나는 게 아니다"라고 누가 차분히 설득력있게 말할 수 있는가?

최근 자살이 문제의 초점으로 부각되어 있지만, 자살현상은 사실 빙

---

8) 건강보험심사평가원에 따르면, 20대 자살률은 2017년 16.4명에서 2021년 23.5명으로 40% 증가했고, 20대 우울증 진료환자는 2017년 7만 8016명에서 2021년 17만 7166명으로 127% 급증했다.

에드바르드 뭉크, '절규' 1893년

산의 일각에 불과하다. 자살예비군은 얼마나 될까. 자살을 시도한 사람은 자신의 아픈 상처를 누구에게도 말하지 않았을 가능성이 크다. 부모도, 절친한 친구도 그의 아픔을 모르고 지나칠 수 있다. 따라서 자살 시도자 추정은 쉬운 일이 아니다. 일반적으로 자살자에 100을 곱해 자살 시도자를 추정하므로 우리 사회의 자살자 13000여명에 100을 곱하면, 자살 시도자는 약130만 여명으로 추산된다. 자살률이 1997년 외환위기 이후 급증했고, 2030세대 중 22.5%가 자살을 시도했다고 답했으므로, 20여 년간 누적된 자살 시도자는 얼마나 될까.

우리 사회에서 자살률 1위, 자살률 급증을 걱정하는 목소리는 들리지만 자살예비군의 증가를 걱정하는 말은 듣기 어렵고, 또한 '죽음 이해의 부재'를 우려하는 말은 어디에서도 찾을 수 없다. 죽음에 대한 오해로 우리 사회의 많은 사람들이 불행하게 죽어가고 있다. 자살예방을 효과적으로 하기 위해서도 자살문제에만 초점을 맞추기보다 수면 아래 숨어있는 죽음에 대한 오해와 편견, 불행한 죽음방식에 대한 심층적 반성과 함께 새 방향을 모색해야 한다.

50대 이상 남성 노인 자살률이 높다

다음은 한국의 연령별 자살현황을 보여주는 그래프. 막대그래프는 가장 높은 연령대별 자살률을 가진 국가의 수치, 주황색 꺾은선그래프는 한국의 연령대별 자살률을, 파란 선은 OECD 평균을 의미한다.9) 한국의 많은 사람들은 '높은 자살률'하면 학업 스트레스로 자살을 택한 10대를 떠올리곤 한다. 하지만 실제로는 한국이 전세계적으로 가장 높은 자살률을 선도하도록 하는 연령층은 노인이다.

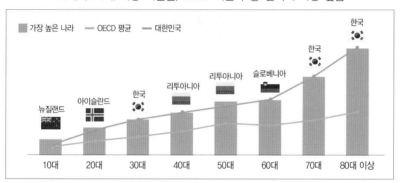

30대와 70대 이상 자살률, OECD 회원국 중 한국이 가장 높음

한국의 연령대별 자살률은 2021년의 경우, 80세 이상(61.3명), 70대(41.8명), 50대(30.1명), 60대(28.4명), 40대(28.2명), 30대(27.3명), 20대(23.5명), 10대(7.1명). 10대는 80대의 자살률의 8분의 1 수준이며, 전체 자살자 중 33%는 60대 이상이다. 여성보다는 남성이, 직업이 있는 사람보다는 없는 사람이 더 많이 자살하며 돈이 많은 사람보다는 적은 사람이 더 많이 자살한다.

다음 도표에서 푸른 막대는 남성의 자살률, 분홍색 막대는 여성의

---

9) WHO의 2019 Mortality data base(2019년 5월1일 추출)을 활용하여 중앙자살예방센터가 산출.

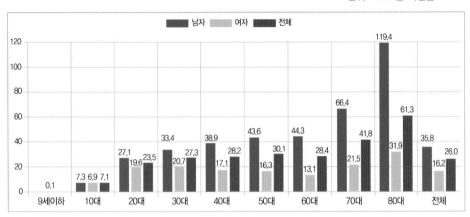

자살률을 나타낸다. 여성에 비해 남성의 자살률이 압도적으로 높으며, 이 차이는 연령이 높아질수록 벌어진다는 사실을 알 수 있다.[10]

2027년까지 자살률 30% 줄이겠다?

정부는 2023년 4월 국무총리 주재로 자살예방정책위원회를 열고 '제5차 자살예방 기본계획'을 발표했다. "2027년까지 자살률을 30% 줄이겠다"며 OECD 1위 탈출 계획을 제시했다. 생명존중 안심마을을 조성하고 교량 등 자살 다빈도 장소를 관리해 자살위험요인을 줄인다는 내용을 담았다. 하지만 92개에 이르는 세부 과제를 담은 계획이 과연 어떤 효과가 있을 지 확신하기 어렵다.

2018년 문재인 전 대통령도 "2022년까지 자살예방, 교통안전, 산업안전 등 '3대 분야 사망 절반 줄이기'를 목표로 '국민생명 지키기 3대 프로

---

10) 한국생명존중희망재단, "성별 자살현황", 2021년

젝트'를 집중적으로 추진하겠다"고 밝혔다. 또 당시 국무총리 주재 국무회의에서 "향후 5년간 2016년 대비 자살자 수 30%를 감축한다"고 발표했다. 2022년이 되면 자살자 수는 8727명이 된다고 밝혔지만, 문재인 정부 5년 동안 자살자가 30% 감축은커녕 자살률 1위를 흔들림 없이 (?) 유지했다. 윤석열 정부도 "5년 동안 30% 줄이겠다"고 발표했는데, 과연 실행 가능성이 있을까?

지난 8년간 출생신고 안 된 아기 2236명

자살률 통계, 얼마나 정확할까? 출생신고가 없는 영아가 살해·유기된 사실이 잇따라 밝혀지면서 세상을 놀라게 하고 있다. 2023년 6월21일 수원 아파트에서 친모에 의해 살해된 영아 시신 2구가 발견돼 경찰이 친모를 긴급체포했다. 친모는 2018년 11월과 2019년 11월 각각 아이를 출산한 뒤 바로 살해하고, 시신은 집 냉장고에 보관했다. 이 사실은 감사원이 보건복지부 감사에서 출산 기록은 있으나 출생신고가 되지 않은 영·유아 사례를 조사하면서 드러났다.

감사원은 2015년부터 2022년까지 8년간 출생신고가 안 된 영·유아 2236명을 파악하고, 복지부는 '임시신생아번호'(병원 출생 시 아기에게 발급되는 번호)만 있는 아동을 전수조사해 소재를 파악하고 있다. 영아 살해·유기 사실을 수년이 지나도록 알 수 없었던 데는 허술한 출생신고제 탓이 크다. 현행 '가족관계 등록 등에 관한 법률'은 출생신고 의무를 부모에 한정한다. 출생신고가 안 된 '그림자 아이'가 살해 위험에 노출된 사실이 드러나면서, 의료기관이 출생정보를 의무적으로 신고하는 '출생통보제'가 2023년 6월30일 국회를 통과했다. 또 출산과 양육에 어려움을 겪는 위기의 임신부가 익명으로 출산하고 아기를 국가가 보호하는 '보호출산제'도 2023년10월6일 국회를 통과하면서, 국가가 안전한 출산과 신생아 등록을 책임지는 핵심 시스템을 갖췄다는 평가가 나온다.

자살자 통계, 신뢰할 수 있을까?

출생신고제가 허술하듯이, 사망신고서 역시 허술하기는 마찬가지다. 자살을 사실대로 신고하기를 꺼려하는 사회 분위기를 감안하지 않은 채 가족이 제출한 사망신고서를 수거해 자살 통계를 매년 집계하고 있으므로, 자살관련 통계의 정확성을 믿을 수 없다. 통계청 통계가 국가의

기본 자료이므로, 자살률 관련 통계도 통계청 자료 중심으로 제시된다. 그러나 한번 차분히 생각해보자. 어떤 사람이 죽을 경우, 가족이 제출하는 사망신고서를 수거해 통계 내는 방식으로 통계청은 자살률 통계를 산정한다. 만일 어떤 사람이 자살했을 경우, 가족이 장례식장에서도 자살을 숨기고, 사망신고서에 자살 대신 병사病死로 기재하는 경우는 어떻게 해야 할까?

가족이 사망신고서에 자살이라고 기입하지 않을 가능성이 있으므로, 사망신고서에 의거해 자살자 통계를 산정하는 통계청 자료는 실제 보다 축소되었다. 사망신고서에 입각한 통계청 자살통계의 정확성에 대해 아무도 의문을 제기하지 않고 있다. 아기가 병원에서 출생한 기록은 있지만, 출생신고하지 않은 사례와 비슷하지 않은가. 현재 우리 사회는 통계청 자살률 통계를 바탕으로 자살정책을 입안하고 있는데, 사망신고서에 가족이 사망원인을 정확하게 표기하는 문제를 사회적으로 공론화할 필요가 있다.

경찰청도 자살자 통계를 산출한다. 경찰청 자살자 통계와 통계청 자살자 통계도 차이가 난다. 통계청 자살자 통계는 가족의 사망신고서에 입각해 통계를 산출하지만, 경찰청은 사고가 났을 경우 경찰이 직접 현장에서 조사를 진행해 자살은 자살이라 표시하고 사인이 불명인 경우 '불상不詳'이라 표시한다. 통계청은 주민번호가 확인되지 않거나, 미신고 혹은 지연 신고되는 경우, 당해년도 자살통계에 넣지 않고 있다. 유족이 없어 신고가 안되거나, 신원미상 노숙자의 경우, 또 자살하고서도 가족이 사망신고서에 병사病死로 적어 제출하는 경우, 통계청의 자살통계에 잡히지 않는다.

학생과 청소년 자살, 교육부와 경찰청 통계가 다르다

연도별 학생, 청소년 자살자 통계(교육부와 경찰청, 국회 제출자료)

구분	2016년	2017년	2018년	2019년	2020년	합계
교육부(7세~19세, 초중고)	108	114	144	140	148	654
경찰청(만18세 이하)	184	192	233	233	236	1,059

학생과 청소년 자살의 경우, 교육부와 경찰청 통계가 차이가 난다. 2016년부터 2020년까지 5년간 교육부는 654명, 경찰청은 1059명으로 발표했으므로, 경찰청 자살통계가 약1.6배 더 많았다. 이런 식으로 통계청과 경찰청, 교육부와 경찰청의 자살통계가 차이가 많이 난다. 문재인 정부 때부터 자살예방을 국가 중요정책으로 다루면서 통합 대응을 약속했지만, 정부 부처 간 데이터 실시간 공유조차 제대로 안 되고 있다. 통계청의 사망원인통계, 경찰청의 변사수사기록, 교육부의 학생자살통계 등의 연계성이 부족하고 주무부처인 보건복지부에서 데이터를 신속하게 확보하지 못한다는 지적이 끊이지 않는다.[11]

보건복지부가 '자살예방 시행계획 점검위원회'를 운영하면서 '2022년 자살예방정책 점검결과'를 2023년 7월 발표했는데, 경찰청이 변사 자료를 통계청에 매월 제공하고 있다고 밝히고 있으므로[12], 통계청과 경찰청 자살 통계의 차이점을 의식하고 있는 것이다. 정확한 자살자 통계가 확보되지 않은 상태에서 자살예방 기본계획은 사상누각에 불과하므로, 정확한 통계확보를 위해 관련부처가 지속적으로 모니터링해야 한다.

---

11) 중앙일보 2023년 6월5일
12) 메디칼 월드 뉴스 2023년 7월3일

자살하면 모든 게 해결된다?

자살은 개인 문제와 사회병리현상 이외에, 죽음과 자살에 대한 오해도 자살을 부추기고 있다. 자살을 시도하는 사람들은 "죽으면 모든 것이 해결된다"는 잘못된 인식을 갖고 있다. 하지만 죽음을 인간의 성숙, 영혼의 성숙으로 보는 열린 시각을 갖는 것이 가능하다. 이러한 시각을 제공하는 것이 올바른 죽음이해를 제시하는 생명교육이다. 생명교육은 또한 많은 자살의 개인적 사회적 원인이 되는 지나친 세속주의와 물신주의를 약화시키고 성숙과 가치를 중시하면서, 사회의 건강지수를 높일 수 있다.

1997년 말 외환위기 이후 자살은 심각한 사회문제가 되었지만, 실효성 없는 자살 방지 대책과 생명교육의 부재로 말미암아 자살자는 늘어가고 있다. 자살문제는 생명교육을 통해서 근본적으로 개선될 수 있다. 우리 사회 자살자가 양산되고 있는 이유는 죽음을 심도있게 가르치고 있지 않기 때문이다. 생명교육을 통해 사회 전반의 죽음이해와 임종방식이 향상된다면 자연스럽게 자살률은 떨어질 것이다.

이런 노력은 하지도 않은 채 현재 미봉책에 불과한 위기개입이나 자살시도자 사후관리에만 초점을 맞춘다면, 자살예방은 별다른 효과를 거두기 어려울 것이다. 자살예방의 기본은 바로 죽음과 자살에 대한 체계적인 생명교육에 있기 때문이다.

자살, 복합적인 사회병리현상

'묻지마 살인' 급증, 길거리 다니기 겁난다

문: "전혀 모르는 사람을 왜 죽였나."

답: "소주를 1병 마시고 자다가, 갑자기 집 나간 아내가 생각나서 화가 났
다. 바로 사람을 죽이기 위해 과도를 들고 밖으로 나갔고, 모르는 여자
인데 뒷모습이 아내와 비슷해 찔렀다."

문: "언제부터 살인계획을 세웠나."

답: "2~3일 전부터. 집 나간 아내와 비슷하게 생긴 사람은 그냥 죽여 버려
야겠다고 생각했다."

서울 광진경찰서 2층 강력팀 사무실 6월 3일 오전 2시. 살인 피의자
이모(52)씨는 전날 저녁 6시쯤 광진구 구의동 속칭 '먹자골목' 인근에서
유모(32)씨를 살해한 혐의로 체포됐다. 심문에 답하는 이씨의 눈빛은
담담했고, 별다른 죄책감을 느끼지 않는 것처럼 보였다. 이씨는 경찰의
시선을 피하지 않았고, 다른 사람의 얘기를 하듯이 범행을 진술했다.

이씨는 "미안하다. 하지만 사람을 죽이고 싶었다"는 말을 자주 했다. 단지 울컥해서, 기분이 나빠서, 한번 해보고 싶다는 이유로 자신과 아무런 관련이 없는 사람을 살해하는 '묻지마 살인'사건이 늘어나고 있다. 평범한 시민이 퇴근길에, 친구를 만나러 가는 길에 '살인의 표적'이 될 수 있다.13)

   이와같이 일면식도 없는 사람을 대상으로 저지르는 '묻지마 살인' 사건이 이미 여러 차례 발생했다. 2016년 5월 김성민이 강남역 인근 주점 화장실에서 20대 여성을 살해한 '강남역 살인사건', 2018년 10월 김성수가 강서구 PC방에서 아르바이트하는 20대 여성을 잔인하게 살해했고, 2019년 4월 경남 진주에서 안인득이 자기 집에 불을 지른 뒤 주민 상대로 흉기를 휘둘러 5명이 숨졌고, 2020년 인제군 북면 설악산 등산로에서 20대 남성이 등산하던 여성을 살해했고, 2022년 5월 공원에서 42세 중국인(조선족) 남성이 마약에 취해 행인을 살해했다. 최근에도 2023년 7월21일 오후 2시7분 관악구 신림동에서 조선씨(33세)가 갑자기 흉기를 휘둘러 일면식 없는 1명이 살해되고 3명이 다친 '신림동 묻지마 칼부림 사건'이 발생했다.14)

---

13) 조선일보 2011년 6월6일
14) 조선일보 2023년 7월22일
   "인터넷에는 살인 예고 글이 쏟아진다. 보름 남짓 315건이 올라와 119명이 검거, 12명이 구속됐다. 검거된 사람의 52%가 미성년자였다. '장난이었다'는 해명이 많지만 '여성 20명 살해 예고'를 한 20대 남성은 재판에 넘겨졌다. 지난 5개월간 살해 협박 등 여성 혐오 글을 1700개 올리고 흉기를 구입해 검찰은 '여성 혐오 범죄'라고 못 박았다.....사회 곳곳에 쌓인 공격성과 분노가 일촉즉발이라는 건 분명하다. 분노가 만연하고, 집단화한 분노가 갈등과 범죄로 이어지는 '분노 사회'에 살고 있다는 사실을 새삼 깨닫는다." (중앙일보 2023년 8월14일)

"사람을 죽여보고 싶었습니다."

일면식 없는 또래 여성을 무참히 살해하고 시신을 훼손·유기한 1999년생 정유정(23)은 마트에서 산 흉기를 가지고 2023년 5월26일 오후 5시40분쯤 부산시 금정구에 있는 A씨 집에 찾아가 A씨 집에 있는 도구로 피해자를 살해한 뒤 집으로 돌아가 사체를 유기할 캐리어를 들고, 사체를 손괴할 도구를 준비해 다시 범죄 현장으로 가는 모습이 찍힌 CCTV를 보면, 정유정은 어떠한 죄책감도 없는 모습이다. 그녀는 자신이 구입한 흉기로 시신을 훼손했다. 이후 피해자의 옷으로 갈아입고 범행 현장을 빠져나왔다. 27일 오전 3시15분 여행용 가방을 끌고 풀숲으로 들어가는 수상한 여성이 있다는 택시 기사 신고를 받고 출동한 경찰에 체포되었다.

정유정은 외톨이였다. 두 살 때 부모와 헤어졌고 할아버지와 살았다. 학창 시절 친구도 없었다. 휴대전화에서 최근 3개월 동안 연락한 흔적도 없었다. 은둔형 외톨이 생활이 사이코 패스 성향을 강화시킨 것으로 분석된다. 한국보건사회연구원에 따르면 2021년 현재, 19-34세 청년 중 은둔, 고립 청년은 약53만 8천명이다. 정유정은 경찰 조사에서 "범죄물에 심취한 끝에 실제로 누군가를 살인하고 싶다는 마음을 품게 되었다"고 진술했다.[15]

부산 돌려차기 사건

2022년 5월22일 부산 서면 오피스텔 입구에서 20대 여성 머리를 돌려

---

15) 주간조선 2023년 6월5일

차기로 쓰러뜨리고 폐쇄회로 사각지대로 끌고 가 성범죄를 저지른 사건이 발생했다. '부산 돌려차기' 사건 항소심에서 가해자에게 징역 20년 형이 선고된 것을 놓고 갑론을박이 꽤 뜨겁다. 생면부지 여성을 10여 분 쫓아가 무차별 폭행한 것으로도 모자라 정신을 잃은 피해자를 상대로 성폭행을 시도하고, '출소 후 보복' 운운으로 극심한 공포감을 조장하는 2차 가해로 사회적 공분을 불렀다. 전과 18범인 남성이 항소심 재판부에 제출했다는 반성문도 여론의 반감에 불을 질렀다.

비행기 비상구 옆자리에 앉았던 사람은 탑승할 때부터 비행 중 두리번거리는 옆 사람의 섬뜩한 표정에 불안을 느꼈다. 옆자리에 앉았던 용감한 사람과 승무원의 침착한 대처로 다행히 일은 크게 진행되지 않았다. "왜 문을 여셨어요? 뭐가 그렇게 억울하셨어요?" 그는 "착륙 전 답답해서 빨리 내리고 싶었습니다"고 답했다. 항공기 문을 멋대로 먼저 열어 탑승객을 공포로 몰아넣은 사람, 갈대가 누워있는 모습이 마음에 안 들어서 불을 질렀다는 사람 등, 세상은 제정신이 아닌 사람들로 매일 시끄럽다.

스물셋 초등 교사의 안타까운 죽음, 무너진 교권

기자가 교권추락의 실태를 상세히 보도한 직후 교총회장이 기자에게 전화를 걸었다. "현실은 더욱 심각해요. 학교는 질서가 무너져버린 아노미 상태입니다. 버티지 못하는 교사들도 많아요. 이렇게 놔두면 큰일이 날까 두렵습니다."[16] 기자가 교총회장 전화 받고 한 달 지나 7월18

---

16) 중앙일보 2023년 7월31일. 초등 교사가 극단적 선택하기 10여 일 전 국회에 다음의 청원이 접수되었다. "아동 학대 신고만으로 교사는 지자체 조사

일 서울 서이초등학교 20대 교사가 극단적 선택을 했다. 부임한 지 1년 여밖에 되지 않은 새내기 선생님이었다. 서울교사노조는 이 교사가 지나친 학부모 민원에 시달렸다고 밝혔다. 숨지기 며칠 전 쓴 일기장에선 "업무 폭탄+(학생 이름)○○난리가 겹치면서 그냥 모든 게 다 버거워지고 놓고 싶다는 생각이 마구 들었다. 숨이 막혔다. 밥을 먹는데 손이 떨리고 눈물이 흐를 뻔했다"고 적혀 있었다. 지난 5년간 매년 20여 명의 공립학교 교사가 자살했다. 정년을 1년 앞둔 체육교사, 40대 여교사에[17] 이르기까지 성별과 나이를 가리지 않는다. 정당한 생활지도가 아동 학대로 몰렸다.

교사의 극단적 선택을 두고 일선 교사들은 "터질 게 터졌다"는 반응이다. 비보가 전해진 뒤 교사 수천 명이 거리에서 동병상련을 호소했고

와 경찰 수사를 이중으로 받아야 한다. 게다가 담임 박탈, 출근 정지 등의 조치를 감수해야 한다. 설사 무혐의나 무죄 판결을 받아도 몸과 마음은 만신창이가 된다."

17) 대전시 교육청이 2023년 9월7일 극단적 선택을 했던 초등 교사 관련 진상 조사 결과를 9월27일 발표했다. 학부모의 악성 민원에 시달린 A교사는 4년간 극심한 심리적 압박을 받았다. A씨는 2019년 초등 1학년 담임을 맡았는데 학생 4명이 다른 학생을 괴롭히는 등 문제를 일으켰다. 해당 학생들을 정상적으로 지도했지만, 학생의 학부모들은 "자녀에게 사과하라"며 지속해서 민원을 냈다. 2019년 12월에는 검찰 등에 A씨를 아동학대 혐의로 신고했다. 2020년 10월 검찰이 무혐의 결정 내리자, 2021년 4월과 2022년 3월 추가로 민원을 제기했다. 특히 학부모 2명이 2019~2022년 16차례나 민원을 제기했다. 교육청은 학부모 2명을 공무집행 방해 혐의로 경찰에 수사 의뢰할 방침이다. 심리적 압박에 시달리던 A씨는 2019년 11월 교감에게 두 차례 고충을 털어놨고, 학교 측에 교권보호위원회 개최를 요청했지만, 교감은 별다른 조치를 취하지 않았다. 교육청은 해당 교장, 교감의 미흡한 대처가 교육공무원법상 성실 의무 등을 위배한 것으로 보고 징계하기로 했다. (중앙일보 2023년 9월 28일)

교사들의 인터넷 커뮤니티에는 분노의 경험담이 쇄도하고 있다. 교육부가 2023년 7월 교사 2만 2084명 대상으로 설문했더니, 97.7%가 무분별한 아동학대 신고로 어려움이 심각하다고 답했다. 2012년 16건에 불과했던 교사 대상 아동학대 신고는 2019년 2154건 폭증했다. 수면 아래 있던 초등학생의 교사 폭행도 드러났다.

2010년 도입된 학생인권조례 이후 추락한 교권은 학부모 갑질과 폭행으로 얼룩졌다. 학생인권만 강조하다보니 교권을 침해해도 교사가 대응할 방법이 없기 때문이다. 이번 사건이 개인의 문제가 아니라 공교육 전반에서 발생하는 문제라는 점을 알리기 위해, 현직 초등학교 교사 4명은 학부모 교권침해 민원사례 제보를 받으려고 최근 인스타그램에 '민원스쿨' 계정을 개설했다. 7월21~23일 3일간 받은 제보 건수만 2077건에 달한다. '2023년 교사직무 관련 마음건강' 실태 조사에 따르면, 심한 우울증 겪는 교사가 일반 성인의 4배, 자살을 생각하는 비율도 최대 5.3배나 높았다.

수도권의 한 초등학교에서 예능을 지도하는 선생님 A씨는 2019년 다른 아이의 수업을 방해하는 아이를 책상에 엎드려 있게 했다는 등의 이유로 아동학대 혐의로 수사를 받고 재판에 넘겨졌다. 법원은 형사처벌 대상이 아니라며 무죄를 선고했지만, 2심·3심까지 계속돼 대법원에서 최근 무죄가 확정되기까지 2년 넘는 시간이 걸렸다. 현행 제도가 빚어낸 비극이다. 교사가 별 잘못이 없어도 아이나 학부모가 '정신적 학대'를 당했다며 신고하면 '아동학대 피의자'가 돼 고통스러운 시간을 감당해야 한다. 교사나 교원단체는 물론 수사기관에서조차 말이 안 되는 법규라는 지적이 나온다.

교사들은 2010년 학생인권조례에 이어 2014년 아동학대법이 제정되면서, 교사에 대한 잣대가 더욱 엄격해졌다고 입을 모은다. 교사가 훈육

하는 것조차 일종의 정서적 학대로 몰고 가는 경향이 생겼다는 것이다. 학생인권조례가 학생의 인권만을 부각시켜 학생은 방종에 가까운 자유를 누리게 된 반면, 선생님은 암묵적인 아동학대 범죄자 취급을 받는다 해도 과언이 아니다. 아이들의 사소한 다툼도 부모간 감정싸움으로 번져 그 사이에서 샌드백이 된 기분이라는 것이다. 비정상이 정상이 된 교육 현장의 현실이다.[18]

경제위기 넘어 사회위기로

우리 사회는 1997년 '외환위기', 2002년 '카드대란', 2008년 '국제금융위기' 그리고 2012년 '유로존 위기', 2020년부터 '코로나19'를 3년 동안 거치면서 이젠 경제위기를 넘어 위기가 지속적으로 반복되어 '사회위기'를 맞고 있다. 권리만 강조하고 책임과 의무가 실종된 교실에서 교권 침해와 학교 폭력은 자라났다. 질서와 규율이 무너지니 교실은 붕괴되었다. 우리 사회는 정치적으로, 경제적으로 압축 성장을 거치면서 민주 사회와 선진국으로 올라섰지만, 교실의 붕괴는 우리 사회가 아직 정신적으로 성숙하지 못한 문제점이 있는 그대로 드러난 것이다. 스물셋 초등 교사의 죽음이 시사하듯, 최근 우리 사회에서 벌어지고 있는 자살 현상은 복잡한 사회병리현상이 누적된 결과로 보인다.

예를 들면 여야의 극한 대립과 정치의 실종, 교권의 추락과 교실의 붕괴, 스트레스와 우울증의 확산, 경제 만능주의, 가족관계의 약화 혹은

---

18) 중앙일보 2023년 7월28일, 29일
　　교사의 정당한 생활지도를 아동학대로 보지 않는다는 면책 조항을 담은
　　'교권보호 4법'이 2023년 9월21일 국회를 통과했다. 서이초 교사 사망 사건
　　이후 전국의 교사들이 보호 대책을 요구한 지 두 달여 만이다.

해체, 외로운 노인의 증가, 폭력적인 인터넷문화, 학벌 지상주의, 물신주의, 외모중시, 기존 가치관의 붕괴와 새로운 가치관의 부재 등 온갖 사회 병리 현상이 총체적으로 집약되어 있는 양상이다. 밤의 도둑처럼 다가올 사회위기의 진행을 감지해야 대응책을 세울 수 있고, 또 미래에 다시 다가올 지 모르는 제3의 경제위기에 대한 사회적 해법을 찾을 수 있다. 경제지표만 들여다보고 있는 한 극복할 수 없는 위기가 지금의 현실임을 절감하고 그 대책을 마련해야 할 것이다.

자살은 단순히 개인의 문제가 아니라 사회의 복합적인 병리 현상이지만 정부의 자살방지 대책은 미봉책에 머무르고 있다. 자살방지 대책은 예방(prevention), 위기개입(intervention), 사후관리(postvention)의 세 가지 방식으로 진행되는데, 우리 사회는 위기개입 위주의 임시방편으로 자살예방을 진행하고 있다. 또한 최근에 생긴 자살시도자 사후관리를 수행하는 정신보건센터의 관계자들 역시 사후관리의 어려움을 토로하며 실효성에 의문을 나타내고 있다. 기존의 여러 자살예방법 가운데 우리 사회는 가장 중요한 '기본교육'이 제대로 실행되지 않고 있다. 죽으면 다 끝나는가?, 자살이 왜 현실 고통의 해결책이 될 수 없는가? 이와 같은 기본교육을 실시하지 않은 상태에서 위기 개입 위주의 자살방지책은 미봉책일 뿐이다.

인스타그램, '호텔 프로포즈' 치면 해시태그(#)가 4만4000개

한국의 결혼·출산률이 갈수록 떨어지고 있는 가운데, 돈이 많이 드는 청혼 과정부터 경제적 부담이 되고 있다면서, 6월 15일 미국 월스트리트저널은 한국의 '청혼 허례허식'을 조명했다. 1면 하단에 '결혼식 전 비싼 장애물: 4500달러(약 570만원)짜리 청혼'이라는 제목의 기사가 실렸다. WSJ는 하루 숙박비가 100만원이 넘는 고급 호텔에서 명품 가방과 장신구 등을 선물하는 게 최근 한국의 청혼 트렌드가 됐다고 지적했다. 인스타그램에서 한글로 '호텔 프러포즈'를 검색하면 해시태그(#)가 4만 4000개를 넘는다. 인증샷에는 꽃·풍선·샴페인을 비롯해 보석 장신구나 명품 핸드백이 등장한다.

오 씨(29)는 최근 국내 고급 호텔에서 청혼을 받았다. 청혼하기 위해 남자친구가 쓴 돈은 수백만 원, 호텔 숙박비만 150만원. 오 씨는 '결혼해 줘(Marry Me)'라고 적힌 풍선 앞에서 꽃다발을 들고 포즈를 취했다. 오 씨는 청혼 이벤트만큼은 럭셔리했으면 좋겠다는 꿈이 있었다고 했다. 그는 "누구나 호텔 청혼을 선호한다. 이는 모든 여성의 꿈"이라고 했다. 호텔에서 고가의 선물을 주며 청혼하는 방식이 유행하자 한국 호텔들이 관련 상품을 내놨다. 파티 플래너, 그레이스 홍은 과거 매달 두세 차례 호텔 청혼 이벤트 문의를 받았지만, 이제는 매달 20~30차례로 늘었다. 시그니엘 호텔은 꽃장식과 샴페인 등이 포함된 '영원한 약속'이란 상품을 판매하는데 157만원으로 고가지만, 월평균 38회 예약이 이뤄지고 있다.[19]

삶의 가치 1위 응답도 '경제적 능력'

우리나라가 2022년 전 세계에서 1인당 명품 소비를 가장 많이 했다. 모건스탠리 보고서에 따르면 2022년 한국인의 명품 소비는 168억 달러(약 20조9000억원)로 추산됐다. 1인당 명품 소비액은 325달러(약 40만원)로 미국 280달러, 중국 50달러를 앞섰다. 보고서는 한국의 소비가

---

19) 조선일보 2023년 6월16일

다른 나라보다 외모와 경제적 성공에 영향을 많이 받는다면서 명품 열풍의 요인으로 '사회적 지위 과시' 욕구를 꼽았다. 서울 지하철에서도 명품 가방을 든 젊은 여성이 많이 보인다.

최근 몇 년간 MZ세대를 중심으로 한 명품 열기는 불확실한 미래에 대비하기보다 현재의 즐거움에 집중하는 '소확행(작은 사치로 인한 행복)' '플렉스(돈 지르기)' 문화 등과 관련이 깊다. 부동산 가격 폭등으로 어차피 집을 장만하는 것은 글렀으니 '집 대신 명품 가방, 수퍼 카'라는 식이다. 자신의 매력을 시각적으로 인증해야 하는 SNS 세계에서 명품 소비만큼 '내가 잘 나간다'는 증거도 없다. 이처럼 유난한 경제 만능주의와 과시적 명품 소비 풍조에 따라, 경제적 능력을 겉으로 드러나는 것으로 상대를 평가하고, 눈에 보여지는 것이 없으면 쉽게 무시하는 우리 사회의 단면이 투영된 것으로 보인다.[20]

한국인은 선진국 중에서 유일하게 '경제적 능력'을 삶에서 가장 중요한 가치로 꼽는다. 미국의 퓨(Pew) 리서치센터 2022년 17개 선진국 1만 9000명을 대상으로 '자신의 삶을 의미있게 만드는 가치' 설문조사 결과에 따르면, 대부분의 선진국이(14개국) '가족'이 제일 중요하다고 답한 것과 대조적이다. 두 번째 가치도 미국, 영국 등은 친구나 사회 같은 '공동체'를 선택한 반면 한국인은 '건강'을 꼽았다. 한국인에게 공동체는 중요 순위 8위에 머물렀다. 경제적 능력에만 초점을 맞추어서 예전에 비해 가족 공동체가 크게 약화된 것이다. 최초로 자본주의 국가의 전형을 만든 영국, 자본주의 종주국으로 불리는 미국보다 지금의 한국 사회가 경제 논리를 더 우선시하고 있다. 세계화 시대를 사는 현대인에게 경제 개념은 매우 중요하다. 문제는 객관적 가치를 평가하기 힘든

---

20) 중앙일보 2023년 1월18일

사랑, 행복, 희망, 기쁨, 위로 등 추상적인 가치조차 경제적 척도로 평가한다는 사실이다.[21]

인간이 돈의 주인? 돈이 인간의 주인!

우리 사회는 인간이 돈의 주인이 아니라 돈이 인간의 주인이 된 듯한 느낌이 들 때가 많다. 언제부터인가 돈만이 우리 사회 유일한 가치 기준이 되어 버렸다. 삶에 대한 올바른 가치관 확립은 삶과 죽음의 질 향상에도 도움이 되고, 자살을 예방하는 효과도 있다. 우리 사회는 지금 경제적 가치 하나가 다른 모든 가치를 압도하고 있는 상황이다. 경제적 가치는 그 자체가 목적이 아니라 수단에 불과하건만, 도구적 가치를 유일한 삶의 목적으로 삼아 더 중요한 다른 가치를 시궁창으로 몰아넣는 것이 경제 제일주의의 논리이다.[22] 삶 뿐만 아니라 죽음 역시 경제 논리에 좌우되는 것이 우리의 현실이다. 미국 경제학자 이스털린이 1973년 제시한 '이스털린의 역설'은 소득이 증가해도 행복이 증가되지 않는 현상을 뜻한다. 소득이 높아지면 행복이 올라가지만, 어느 시점 지나면 행복은 증가하지 않는다. 소득과 행복이 정비례하지 않는다고 이스털린은 말한다. "길게 보면 어느 나라에서든 행복과 소득 사이에는 아무런 관련이 없다."

---

21) 중앙일보 2023년 5월20일
22) "강남은 화려해 보이지만, 어떤 사람은 '강남은 정신병원 같다'고 말한다." 서울 강남에서 95년부터 정신과 병원을 개업한 김정일 원장, "정말 돈 많은 부자들이 자기 인생을 망치고 있다. 사람을 믿지 않고 돈만 좇는다. 맹목적으로 돈만 추구할 게 아니라 돈 보다 중요한 가치를 되살려야 한다." (경향신문 2023년 9월5일)

한국인의 최애最愛 가치는 '돈'

매스컴과 통계자료로 확인되는 한국인의 최애最愛 가치는 '돈'이다. 불과 한 세대 전만 해도 자본주의 발달의 부산물인 황금만능주의는 문제점이 많으며 도덕과 양심, 체면 등이 중요하다는 지적을 자주 들었다. 하지만 지금은 그런 주장를 들어보기가 어렵다. 급속한 경제 성장으로 황금만능주의가 심화하면서 경제적 가치에만 집중되었다.

중산층 기준만 살펴보아도 우리 사회의 쏠림현상이 바로 드러난다. 한국은 1) 30평 이상의 아파트, 2) 월수입 500만원 이상, 3) 2000cc 이상의 중형차, 4) 예금 1억 이상, 5) 연 1회 이상 해외여행 등 중산층 기준은 모두 돈으로 평가된다. 프랑스는 1) 외국어 능력, 2) 운동, 3) 악기 연주, 4) 특별한 요리, 5) 약자를 돕는 봉사 활동 등을 실천해야 중산층에 속한다. 영국도 중산층에게 1) 정정당당한 승부(fair play), 2) 개인적 신념, 3) 독선적이지 않음, 4) 불법과 불의에 대응, 5) 약자 보호 등의 자질을 요구한다. 미국도 중산층은 1) 사회적 약자 돕기, 2) 부정과 불법에 저항, 3) 떳떳한 자기주장, 4) 비평지 구독 등을 실천하는 사람이라야 한다.

* '제프 딕슨'이 1999년 미국 콜로라도주 어느 고교에서 벌어진 총기난사 사건을 접한 뒤 인터넷에 쓴 시

우리 시대의 역설

건물은 높아졌지만 인격은 더 작아졌다.
고속도로는 넓어졌지만 시야는 더 좁아졌다.
소비는 많아졌지만 더 가난해지고
더 많은 물건을 사지만 기쁨은 줄어들었다.

집은 더 커졌지만 가족은 더 적어졌다.

더 편리해졌지만 시간은 더 없다.

학력은 높아졌지만 상식은 부족하고
지식은 많아졌지만 판단력은 부족하다.
전문가들은 늘어났지만 문제는 더 많아졌고
약은 많아졌지만 건강은 더 나빠졌다.

너무 분별없이 소비하고
너무 적게 웃고
너무 빨리 운전하고
너무 성급히 화를 낸다.

너무 많이 마시고 너무 많이 피우며
너무 늦게까지 깨어 있고 너무 지쳐서 일어나며
너무 책을 적게 읽고, 텔레비전은 너무 많이 본다.
그리고 너무 드물게 기도한다.

가진 것은 몇 배가 되었지만 가치는 더 줄어들었다.
말은 너무 많이 하고
사랑은 적게 주며
거짓말을 너무 자주 한다.

생활비를 버는 법은 배웠지만
어떻게 살 것인가는 잊어버렸고
수명은 늘어났지만
시간 속에 삶의 의미를 넣는 법은 상실했다.

달에 갔다 왔지만
길을 건너가 이웃을 만나기는 더 힘들어졌다.
외계를 정복했는지 모르지만 우리 안의 세계는 잃어버렸다.
공기 정화기는 갖고 있지만 영혼은 더 오염되었고
원자는 쪼갤 수 있지만 편견을 부수지는 못한다.

서두르는 것은 배웠지만 기다리는 법을 배우지 못했고
엄청나게 일을 하지만 성공하지는 못한다.

자유는 늘었지만 열정은 더 줄어들었다.
키는 커졌지만 인품은 왜소해지고

이익은 더 많이 추구하지만 관계는 더 나빠졌다.
맞벌이가 늘어나지만 이혼은 늘고
집은 근사해지지만 가정은 깨지고 있다.
세계 평화를 더 많이 얘기하지만 전쟁은 더 많아지고
여가 시간은 늘어났어도 기쁨은 줄어들었다.
식품은 다양해졌지만 영양가는 줄어들었다.

수많은 컴퓨터를 설치하여 더 많은 정보를 얻지만
소통은 더 줄어들었다.
아는 사람들은 늘어났지만
친구는 줄어들었다.

더 빨라진 고속철도
더 편리한 일회용 기저귀
더 많은 광고 전단
그리고 더 줄어든 양심

쾌락을 느끼게 하는 더 많은 약들
쇼윈도우에는 수많은 상품들이 전시되어 있지만
저장고에는 아무 것도 남아 있지 않은 시대

행복학의 권위자 에드 디너 교수

"한국은 지나치게 경제(물질) 중심적이고, 사회적 관계의 질이 낮다. 이
는 한국의 낮은 행복도와 밀접하게 관련된다. 특히 물질중심의 가치관은
최빈국인 짐바브웨보다 심하다."

에드 디너 교수는 갤럽이 130개국 13만 7,214명을 대상으로 실시한

행복 여론조사를 분석한 연구결과를 토대로 설명했다. 긍정적인 감정과 부정적인 감정 간의 차이를 나타내는 '정서 균형'은 130개국 중 우리 사회는 116위에 불과했다. 물질적 가치의 중요성을 묻는 질문(9점 척도)에서 한국은 7.24로 미국(5.45)이나 일본(6.01)은 물론 짐바브웨(5.77)보다 높게 나왔다. 높은 경제수준에도 불구하고 삶의 만족도는 130개국 중 중위권이고, 기쁨과 같은 긍정적 정서를 느끼는 정도는 하위권에 머물러 있다.

그는 "경제(물질) 중심의 가치관은 사회적 관계나 개인의 심리적 안정 등 다른 가치를 희생하고 있어 문제"라고 말했다. 쉽게 말해 돈 버는데 신경 쓰느라 가족관계나 취미생활로부터 얻을 수 있는 행복을 등한시한다는 뜻이다. 개인이 느끼는 행복감이 질병 관리나 생산성, 창의성 등 국가 측면에서 관리해야 할 지표에 긍정적인 영향을 끼치는 만큼 행복을 국가 정책 차원에서 접근할 필요가 있음을 뜻한다.[23]

"도움 받을 가족·친구 있는가?" OECD 가입국 중 '꼴찌'

디너 교수는 "우리 사회의 경제(물질) 중심 가치관이 사회적 관계 등 다른 가치를 희생하고 있다"라고 말했는데, 디너 교수의 이런 의견을 입증할 수 있는 우리 사회의 관련 자료를 찾아보았다. "곤경에 처해 도움받기 원할 때 의존할 가족이나 친구가 있는가?" 이 질문에 우리는 어떤 답을 하고 있는 지 살펴보자. 이 질문에 대한 긍정적인 답변 비중이 OECD 회원국 중 우리나라가 가장 낮았다. 국회 입법조사처의 'OECD 사회통합지표 분석 및 시사점' 보고서에 따르면 2015년 사회통

---

23) 동아일보 2010년 8월17일

합지표 분석한 결과, 한국은 '사회적 관계(사회적 지원 네트워크)' 부문에서 10점 만점 중 0.2점으로 최하였다. 사회적 관계는 사회 구성원들의 상호 지지 정도를 나타내는 지표. 곤경에 처했을 때 기댈 가족·친구가 있는지를 묻는 말에 긍정적인 답변을 한 사람의 비율을 따져 산출된다.

이런 물음에 한국인의 72.4%만 긍정적으로 답했다. 27.6%는 주위에 도움을 받을 가족·친구가 없는 고립 상태인 것이다. 조사 대상인 36개 국가(OECD 34개 회원국＋브라질, 러시아) 중 가장 낮았다. 전체 평균인 88.0% 보다 15.6%나 낮은 수준이다. 긍정적인 답변율이 높은 나라는 스위스(95.8%), 덴마크(95.0%), 독일(93.6%) 등이었으며 미국(90.0%), 일본(88.5%) 역시 평균보다 높았다. 한국은 정치적으로 불안한 터키(86.1%)나 칠레(85.0%), 멕시코(76.7%) 같은 중남미 국가들보다도 낮았다.

한국은 긍정적인 답변율 자체도 낮았지만, 젊은 층과 중·고령층 사이의 격차도 심각하게 컸다. 보고서는 긍정적 답변율을 15~29세, 30~49세, 50세 이상 등 3가지 연령대별로 나눠서 분석했다. 15~29세의 긍정적인 답변율은 93.26%로 전체 평균(93.16%)보다 높았지만, 50세 이상은 60.91%(전체 평균 87.20%)로 조사 대상 중 가장 낮았다. 한국은 30~49세 연령대의 긍정적 답변에서도 하위권을 기록했다. 78.38%가 긍정적인 답변을 했는데, 조사 대상 36개국 중 터키(74.45%)를 제외하면 가장 낮은 수준이었다. 국회 입법조사처 보고서에 따르면, 사회적 지원 네트워크는 주위 사람에 대한 신뢰를 넘어 규범과 가치를 실현하는 대인 관계의 구성에도 미치는 효과가 크다. 사회적 지원 네트워크의 구축은 건강 수명 연장 같은 개인적 차원 뿐 아니라 공동체적 연대 형성에도 긍정적인 영향을 미친다고 한다.[24] 따라서 "우리 사회의 경제(물질) 중

---

24) 연합뉴스 2016년 7년24일

심 가치관이 사회적 관계, 심리적 안정 등 다른 가치를 희생하고 있다. 돈 버는데 신경 쓰느라 행복을 등한시한다"는 디너 교수의 지적이 정확했다.

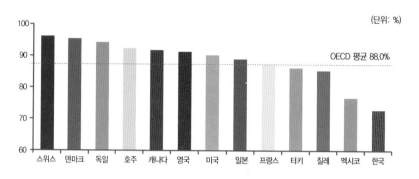

OECD 주요국 사회적 관계(사회적 지원 네트워크) 수준 (2015년 기준)

(단위: %)

OECD 평균 88.0%

OECD 주요국의 사회적 지원 네트워크 (단위: %)

스위스	덴마크	독일	호주	캐나다	영국	미국	일본	프랑스	터키	칠레	멕시코	한국
95.8	95.0	93.6	92.0	91.5	91.0	90.0	88.5	87.3	86.1	85.0	76.7	72.4

돈만 있으면 행복하다?

디너 교수는 "17세에 행복도가 높은 청소년이 40세가 됐을 때, 훨씬 높은 연봉을 받는다는 연구 결과는, 행복감이 성취에 끼치는 영향이 더 크다는 것을 설명하는 것"이라고 말했다. 그는 "행복의 결정적 요인은 사회적 관계, 배움의 즐거움, 삶의 의미와 목적, 작은 일상에서 긍정적인 것을 인식하는 태도"라고 말했다. 그는 작은 것이라도 매일 새로운 것을 배우는 즐거움을 특히 강조했다. 디너 교수는 행복에 대한 오해 중 하나로 '돈이 있으면 행복할 것'이라는 믿음을 꼽았다. 그는 "돈의 효용에도 한계효용 체감의 법칙이 적용된다. 사회적 관계나 심리적 안녕 등 다른 가치에 대한 태도를 키우지 않으면 결코 행복해질 수 없다"고 강조했다. 그는 "한국 사회가 이 상태로 간다면 경제적으로 더 잘 살게 되더라도 행복도는 증가하지 않을 것이다. 사회적 지위나 경쟁에 집착하지 말고 내면의 즐거움에 더 관심을 가져야 한다"고 권했다.[25] 우리 사회는 경제적 가치에만 올인하고 있어서 행복하기 어렵다는 것이다.

정신적 불행이 일상화된 사회?

IMF의 라가르드 총재는 2017년 9월 서울을 방문해 20대 여성들과 대화하고 나서 다음 같이 말했다. "결혼 안하고 출산률이 떨어지면 성장률과 생산성이 떨어지고, 재정이 악화된다. 이런 악순환의 고리가 바로 집단적 자살 현상이 아니겠느냐. 이게 한국의 문제다." 집단적 자살 현상이 뜻하는 사회 위기는 경제 위기 보다 훨씬 심각하다. 극단주의 세력의 득세와 정치의 실종, 경제적 가치 편중과 물질 만능, 교권의 추락과 교실의 붕괴, 가치관의 붕괴와 새로운 가치관의 부재, 가족관계의 약화 혹은 해체, 외로운 노인의 증가, 폭력적인 인터넷 문화, 스트레스와 우울증의 만연 등 사회병리 현상은 쉽게 없어지지 않는다.

『행복의 기원』의 저자, 서은국은 요즘 한국 사회를 '지옥으로 가는 길' 같다고 했다. 흉악 범죄만이 아니라 일상 속 '잦은 불쾌가 누적돼 곪아 터지는 상태.' 모두 '자기 권리'만 외치기 때문이다. 그가 참여한 최근의 연구, 영업 종료 시간이 다가오는 뷔페에서 초코 아이스크림 두 개와 바닐라 아이스크림 한 개가 남아있고, 뒤에 줄 선 사람이 한

---

25) 동아일보 2010년 8월17일

명이라면 어떤 맛을 택할까. 이 연구에서 초코를 골라 모르는 사람에게 선택권을 주는 배려를 하는 숫자는 한국이 꼴찌였다. 그는 '사회가 마치 와해된 느낌'이라고 말했다.[26] 인문학계의 원로 김우창 교수도 지금 한국 사회는 '정신적 불행이 일상화된 사회'라 진단한다.

> "한국 사회는 정신적 폐허 속에 있다. 우리가 직면한 위기상황의 심각성은 결코 가볍지 않다. 마음속에 계속돼야 하는 정신적 성찰이 누가 폭력하지 않아도 다 없어졌다는 점에서 우리도 정신적으로는 전후 독일과 같은 폐허 속에 있다. 지금 우리 사회가 역사상 그 어느 시기보다도 큰 외면적 번영을 누리고 있음에도 불구하고, 우리 국민이 행복을 느끼지 못하는 것은 공동체의 붕괴로 인해 우리의 정신까지 붕괴되었기 때문이다. 우리 사회의 불행을 치유하기 위해서는 거대 대중화된 산업사회에 걸맞은 새로운 공동체 가치의 모색과 정립이 필요하다."[27]

국력은 세계 6위, 나날이 높아지는 국가의 위상과는 달리 우리 사회에서 자살률, 저출산, 고독사, 불행한 죽음 양산 등 위기의 징표가 도처에서 발견된다. 1인당 국민소득이 3만 달러 넘은 지 오래지만, 우리 사회는 1960년대 이후 경제발전에만 올인하면서, 경제가 성장해 소득이 많아지면 행복해질 것이라는 환상에 빠져있다. 대한민국의 경제력은 크게 발전했지만, 행복하기는커녕 사회는 위기에 빠져 있다. 이제 정신적 여유와 인간적 성숙이 동반되지 않으면, 경제적 풍요는 오히려 사회를 피폐하게 만든다는 사실을 마음 깊이 되새겨야 한다.

---

26) 조선일보 2023년 8월9일
27) 중앙일보 2014년 1월21일

04
Chapter

자살 시도자들의 증언

자살 시도자 인터뷰

　자살 시도자 도대운씨(가명)를 홍천 강재구소령 공원에서 만났다. 그는 대전에서 도장사업이 실패한 후 춘천에서 재기하려고 했으나 여의치 않았다. 영어 교사였던 그는 사립 고등학교에서 전교조 활동을 하다 해직되었다가 7년 만에 복직을 했다 자진 퇴교를 했다. 친척 중에 도장업을 하는 사람이 있었고 어렸을 때부터 도장업에 관심이 많아 뛰어들었다. 1997년말 갑자기 IMF가 찾아와 하나뿐이었던 아이가 병으로 죽자 부인과 이혼하게 되었고, 또 공사대금 미수로 경제사정도 걷잡을 수 없게 되었다. IMF 이후 건축경기가 완전히 죽으면서 이어진 연쇄부도가 파탄의 원인이 되었다.

　그가 자살을 본격적으로 생각한 것은 2007년부터였다. 경제적인 파탄, 가정의 붕괴로 인한 좌절감에 술을 마시게 되었고, 술을 마시면 우발적으로 자살을 생각하게 되었다. 음주가 자살시도의 직접적인 원인이 된 것이다. 우울증이 왔고, 습관적으로 자살을 생각하다 보니 점차 강도가 심각하게 됐다. 죽으면 그만이라는 생각이 습관화됐고, 습관이 행동으로까지 옮겨지게 됐다. 자살을 시도한 곳은 강촌, 그 때는 장마철이었다. 폭우가 쏟아지던 그 날 강촌다리에서 물에 들어갔더니, 대학생들이 그를 구조했다.

　"자살을 언급한다는 것 자체가 부끄럽다. 경제적인 위기가 나에게만 오는 것은 아니었다. 다른 중소기업 하는 사람들도 나와 같은 어려움을 겪고 있을 것이다. 현실의 냉혹함을 견뎌낼 수 없었다. 대인기피현상이 오게 되었고 과도한 음주로 이어졌다. 나에게 우울증과 정신분열증이 왔다. 죽을 용기가 있으면 살아야겠다고 마음 먹으려고 애를 썼다. 지난날의 수치심과 자격지심을 모두 버리고 어떠한 일이라도 근면성실하게 생활함으로써 벗어나려고 많이 애를 썼지만 노력한 만큼 효과를 보지 못했다."

자살에 대한 그의 생각은 전문가의 도움을 받으면서 바뀌었다. 자살을 시도하려는 사람에게는 주변에 도와줄 사람이 있거나 스스로 위기 대처능력이 있어야 한다. 스스로 해결하는 것은 굉장히 어렵다. 자살시도 이후 그는 전문가와의 상담을 통해 지난 날 자신이 얼마나 어리석었는 지 알았다. 자살을 시도했던 당시의 모습과 지금을 비교하면서 그는 자살 시도는 바보 같은 짓이었다고 말한다. 고통을 보다 긍정적으로 수용해 일종의 기회로 받아들였어야 했다고 후회한다.[28]

외아들의 자살

생명의 전화 '자살유가족 협의회' 박순희씨(가명)는 외아들을 먼저 하늘나라로 보냈다. 아들은 부모의 불화와 이혼 문제로 괴로워했다. 이혼 후 직장에 다녀야했던 그녀는 아들을 충분히 보살필 수 없었다. 그때 아들은 23살이었고, 우울증을 5년 정도 앓고 있었다. 치료하던 중 치료약을 먹다가 괜찮아져서 끊었는데 그 이후 군대 가기 직전에 자살했다. 아들은 자살하기 며칠 전부터 베란다에서 어머니가 좋아하는 노래에 대해 물었다. 자살하기 전에 매트릭스 영화 3편에 부활에 대한 내용이 나온다며 같이 보자고 했다. 엄마가 피곤해서 다음에 보자고 했는데, 마지막 대화였다. 지금까지도 아들에 대한 기억이 생생하다. 아들을 잃은 아픔 때문에 상실감, 자책감, 애통한 마음은 말로 표현할 수 없다. 아들의 우울증이 회복될 줄 알았다. 아들이 먼저 가고 나니, 마치

---

28) 위성방송 MBC넷, '자살, 한국사회를 말하다' 2부작 2011년 6월21일

삶이 없어진 것 같았다.

그녀는 가장 힘들고 어려울 때 '한국생명의 전화'를 알게 됐다. '자살유가족 자조모임'에 대해 알게 되었고, 자조모임을 통해 삶에서 희망을 회복할 수 있을 것 같아 '한국생명의 전화'에서 주관하는 모임에 참석하게 됐다. 자조모임을 통해 위로, 격려, 그리고 사랑을 받다. 사랑하는 가족을 잃은 자살자 유가족은 세상에 모습을 드러내고 살기보다는 숨어 지내기 쉽다. 그러나 마음을 열고 이런 모임에 참석해서 같은 아픔을 겪는 사람들이 함께 대화하고 아픔을 함께 하면서 치유를 모색한다면, 우리 사회에서 더 이상 불행한 일이 일어나지 않게 하는데 도움이 될 수 있을 것이라고 그녀는 말한다.

> "저는 아들의 죽음을 다른 이유로 덮거나 포장을 하지 않았습니다. 아들이 오랫 동안 우울증을 앓고 치료했던 것을 주변 몇몇 분들이 알았고 또 처음부터 자살이라고 밝혔습니다. 자살을 가리고 덮는다고 진실이 바뀌는 것은 아닙니다. 제가 밝힌다고 해서 아들에게 오명을 남기는 게 아닌 지 하는 염려가 컸지만, 공개적으로 말했더니, 빨리 해결점을 찾은 것 같습니다."

"사랑하는 아들을 잃고 정말 큰 충격이었죠. 아들 죽음 앞에서 '너는 용기가 있어서 갔구나, 엄마는 용기가 없어 네 뒤를 따라가지 못한다'는 마음이 들었습니다. 누구나 한 번쯤 자살을 생각했겠지만 그 길은 옳은 길은 아니라고 생각됩니다. 제가 아픔을 겪었기 때문에 이런 아픔 속에 있는 유가족들이나, 지금 자살을 생각하는 사람들로 하여금 세상은 살아가야할 희망이 있다는 메시지를 전하고 싶어요."[29]

---

29) 위성방송 MBC넷 '자살, 한국사회를 말하다' 2부작

"한 번도 아픔을 말한 적 없다"

「죽음의 철학적 접근」 강의를 신청하지 못해 수강할 수 있는 지 문의하는 메일과 전화를 학기 초마다 여러 번 받는다. C양은 오래 전부터 우울증에 걸려 있어 자주 죽음에 대해 생각했지만, 누구에게도 말한 적이 없었다. 눈물 닦은 휴지만 한 아름, 뭉쳐 있는 감정을 문장으로 적어보니 그것을 생각하는 것만으로도 눈물이 났다고 했다. 내가 다시 메일을 보냈다. "학생이 우울증이나 자살 충동과 관련해 어떤 아픔이 있었는 지, 치유를 위해 솔직하게 적어서 보내세요."

> "제가 10년 전의 일에도 눈물이 나는 건 치유가 되지 않아서겠지요. 한 번도 제 아픔을 말한 적이 없어요"

C양이 처음 자살을 시도한 때는 중학교 3학년, 시험이 끝나고 집에 와서, 충동적으로 그냥 없어지고 싶다고 생각했다. 고등학교 2학년 때부터 높은 성적에 대한 압박감과 실망스러운 자신 때문에 매일 울면서 잠에 들었다. 한림대에 입학했지만, 목동에서 춘천 한림대까지 왕복 4시간 정도였는데, 춘천에 살고 싶지 않았다. 집에 들어가면 방문을 잠그고 살았다. 고등학교 때 생각을 하면 울컥 눈물이 나는 건 여전했다. 매일 죽고 싶다고 생각했다. 대학생활 마지막 학기, 개강 전 몇 주 동안 도서관을 다니는데, 뭘 봐도 죽는 것이 연상되었다. 머리를 감으려고 샤워기를 보면 물에 빠져 죽는다, 차를 보면 차에 치여 죽는다, 도서관 옥상의 휴게실에서 떨어져 죽는다, 자다가 심장마비로 죽는다 등등. 이런 생각이 학생의 마음에 가득 찼다.

C양의 상태가 심각해서 수강할 수 있도록 했다. 오랫 동안 우울증을 가지고 있었기 때문에 15주 동안 공부한다고 해서 크게 나아질 수 있을

까 하는 의구심을 학생은 가지고 있었다. 하지만 제출한 첫 번째 레포트를 보니 많은 변화가 읽혀졌다. 9월 29일 카톡을 보냈더니 답이 왔다.

> "과제로 제시한 책을 통해 수강한 지 한 달밖에 되지 않았지만, 믿기지 않을 만큼 바뀌었어요. 자살한다고 다 끝나는 게 아니고 문제가 해결되지 않는다는 사실을 아는 것만으로 이렇게 바뀔 수 있다는 게 놀랍습니다."

학기말 종강 무렵 다시 메일을 보내 수강 이전과 이후의 변화를 말해보라고 했다. C양은 수강하기 오래 전부터 자살을 생각하고 있었지만 한 학기 동안 수강하면서 죽음과 자살에 대한 인식에서 확연히 다른 사람이 되었다. 죽는다고 해서 다 끝나는 게 아니므로, 자살하면 문제가 해결되지 않아 그 이후에도 고통받게 된다는 것을 배웠다. 자살을 생각하는 것은 고통을 견디기 힘들기 때문이다. 하지만 수업 통해 삶의 과정에서 자기만 고통 받는 게 아니라, 누구나 고통을 겪는 것임을 C양은 알았다. 이런 내용을 반복해서, 분명하게 배우다 보니, 자기 안에서 고통을 극복할 수 있는 힘이 생겼다고 했다.

한 학기 동안 수강하니까, 죽음에 대한 이해만이 아니라 삶의 태도까지 바뀌었다고 했다. 죽음에 대한 이해가 사람을 바꾼다는 사실을 절감했다. 첫 주 강의에서 죽음, 인간, 삶은 서로 연결되어 있다는 가르침을 배웠는데, 이제 몸으로 느낀다고 했다. 살면서 힘든 일을 마주할 때, 수강 이전이었으면 다 끝내고 싶다고 생각했지만, 지금은 힘든 일이 있어도 어떻게든지 견뎌낼 생각부터 한다. 이 차이가 얼마나 큰 지 C양은 잘 알고 있다. 자신이 살아가는 방식이 죽음에 대한 이해와 임종 방식을 결정한다는 말 또한 가슴에 콕 박혔다.

"강의를 듣지 않았으면 우울증으로 자살을 시도해 삶을 마무리 했을 것이라 생각하니 끔찍합니다. 마지막 학기에 들은 「죽음의 철학적 접근」으로 제 인생이 바뀌었습니다."

"교수님께서 저의 지나간 삶을 이렇게 정리해 주신 글을 보니, 과거의 제가 얼마나 문제가 많았는 지 새삼 느껴집니다. 아픔이 오래 지속되었던 사람은 그 아픔에 무뎌져 자신이 아픈 지도 모른 채 살아간다고 하지요. 제가 바로 그랬습니다. 수강 통해 치유되고 난 이후 생각해 보니까, 과거의 제가 정말 많이 아팠다는 사실이 새삼 느껴집니다. 아주 먼 과거의 일처럼 느껴지고, 이젠 제 일이 아닌 듯, 마치 남의 일처럼 느껴집니다. 죽음을 배운 것이 제 인생의 터닝 포인트가 되었습니다. 이번 학기에 배운 것, 평생 잊지 않겠습니다. 다시 한 번 감사드립니다."

자살 시도했던 J양, 더 이상 자살을 생각하지 않는다

J양은 자살을 두 번 시도했고, 주변에 자살자가 세 명 있었다. 「인간의 삶과 죽음」 수업을 듣기 전에는 '자살은 용기 있는 선택'이라 생각했다. 자살 시도는 자신을 괴롭혔던 사람에게 복수하는 것이라 다짐했다. 그 당시엔 마음대로 죽을 수 없어 고통을 느꼈다. 그러나 수업을 다 듣고 나서 생각이 바뀌었다고 했다. 수업을 듣기 이전에는 고통스러운 현실에서 벗어나리라는 기대감으로 자살을 시도했다. 하지만 수업을 듣고서 자신의 어리석음에 소름마저 끼친다고 했다. 자신이 두 번 자살을 시도한 것을 숨겨야 할 일이라고 J양은 생각하지 않았다. 자살을 두 번이나 시도했다가, 생사학 교육을 받은 이후 더 이상 자살을 생각하지 않는 자신이 솔직하게 증언한다면 훨씬 효과가 있을 것이라 생각했

다.30)

죽음을 정확하게 가르치는 것, 자살예방의 토대

그러므로 우리 사회에 효과적인 자살 예방법이 없는 것은, 죽음과 자살에 대한 충분한 이해 없이, 위기대응 위주로 자살 예방을 진행해 왔기 때문이다. 우리 사회는 1차 예방교육의 토대 없이, 2차 위기개입과 3차 사후관리 위주로 자살 예방을 진행했다. 또 자살의 개인적 원인과 사회문제 해결을 통한 자살 예방은 사실상 불가능하지만, 생사학의 치유 효과가 제시했듯이, 죽는다고 다 끝나는 게 아니고 또 자살한다고 고통이 없어지지 않는다는 사실, 다시 말해 죽음을 정확하게 가르침으로써 자살을 효과적으로 예방할 수 있다. 생사학 교육을 통해 학교와 사회에서 첫째 죽으면 다 끝나는 지, 둘째 자살한다고 고통이 왜 해결될 수 없는 지, 셋째 어떻게 살아야 하는 지, 넷째 삶을 잘 마무리하기 위해서는 죽음을 어떻게 준비하고 어떻게 죽어야 하는 지, 차분히 가르치는 게 바로 자살 예방의 기본교육으로, 삶과 죽음에 대한 준비 교육이기도 하다.

---

30) 유튜브 동영상 "자살예방교육 수강생 의식변화" 「죽음의 철학적 접근」 수강생 J양이 교육 이후 왜 더 이상 자살을 생각하지 않게 되었는 지 증언한다.

몸과 마음의 신기한 업그레이드 능력

경제가 발전하고 소득이 향상되어 경제적 풍요 속에서 자란 10대와 20대의 인내력이 크게 약화되었다. 인터넷과 휴대전화의 보급으로 즉석에서 인터넷 클릭 한번 하거나, 핸드폰번호만 누르면 원하는 사람과 즉시에 연결되면서, 무언가를 견디는 인내력, 한번 해보겠다는 정신력, 오래 기다리는 습관은 갈수록 찾아보기 어렵게 되고 있다.

다양한 사회병리현상은 해결되기는커녕 갈수록 심화될 가능성이 크다. 그러면 우리는 어떻게 해야 할까? 신기하게도, 우리 몸과 마음에는 '업그레이드' 기능이 있다. 사람의 운동 능력은 훈련할수록 꾸준히 향상된다. 훈련에 따른 기능 향상, 즉 업그레이드 사양이 없었다면 스포츠에서 기록 향상은 불가능하다. 운동을 통해 신체의 기능을 향상시키도록 해주는 프로그램이 스포츠생리학에서 말하는 '초과회복(super compensation)' 메커니즘이다.

한계치에 이르는 훈련을 한 다음, 일정 기간 휴식하면 체력 수준이 운동하기 전보다 높아진다. 초보자는 훈련 뒤 48~72시간이 초과회복 상태가 된다. 그러나 초과회복 기간이 지나면 원래의 운동기능으로 되돌아가고, 더 시간이 지나면 퇴보한다. 일주일에 세 번 정도, 이틀에 한 번씩 운동하면 좋다.

보다 중요한 점은, 우리는 정신적으로도 초과회복을 경험한다는 사실이다. 극심한 정신적 고통을 이겨낸 사람은 웬만한 고통에 굴복하지 않는다. '정신력'이 한층 강해지는 것이다. 컴퓨터와 달리 사람은 스스로 업그레이드 버튼을 누르지 않으면 절대 업그레이드되지 않는다. 어려움을 스스로 극복하겠다는 결의와 실천 없이는 정신력이 강화되지 않는다.

영국 프리미어리그의 박지성은 운동하기 어려운 평발이었고 신체조건이나 개인기술이 다른 선수보다 월등하지도 않았지만, 그러면 그럴수록 그는 자신의 말대로 육체적으로 정신적으로 '더 강해져서' 아시아 축구를 대표하는 월드스타가 될 수 있었다. 박지성은 바로 초과회복의 신기한 메커니즘을 잘 활용했기 때문이다.

우리가 사는 세상, '사바세계'는 고통과 함께 살아가야 하는 세상이다. 더구나 변화가 특히 빠르게 진행되는 우리나라에 사회위기의 징후는 확산일로에 있다. 현대 사회는 위기가 계속 이어지는 그런 사회이므로, 우리 삶에도 다양한 위기危機가 찾아오기 마련이다. 위기를 기회機回로 살리기 위해서는, 몸과 마음에 작동하는 초과회복의 메커니즘을 평소에 잘 활용하는 게 현명하지 않을까.

02

CHAPTER

왜 자살해서는 안되는가

"왜 자살하면 안되나요? 정말 궁금합니다."

"왜 자살을 해서는 안 되나요? 부모님이 슬퍼한다, 친구들이 슬퍼한다, 생명은 소중하다, 인생은 한 번뿐이다, 그러니 자살하지 말라고 말하죠. 하지만 아무도 슬퍼하거나 울어줄 사람이 없으면 죽어도 되는 거잖아요. 정말 궁금한 게 두 가지입니다. 첫째, 삶이 괴로워서 죽으려는 사람은 왜 자살하면 안되나요? 둘째, 행복도 고통도 다 싫증나고 귀찮아서 더 이상 삶에 미련없는 사람은 왜 자살하면 안되는 지 정말 궁금합니다."

한국자살예방협회 홈페이지 자유게시판에 올라온 글이다. 자살을 고민하고 있는 청소년이 왜 자살해서는 안되는 지 알려달라고 질문을 올렸지만, 아무런 답도 올라오지 않았다. 자살이 해결방법이 아니라는 사실을 어떻게 알려줄 수 있을까. 우리 사회에 자살사례가 갈수록 증가하고 있어 "자살, 고통을 부른다"는 연구결과를 발표한 바 있다. 이 글에서 다양한 사례를 통해 "자살은 현실 고통의 도피구가 아니다." 라고 밝혔지만, 사람들은 잘 받아들이지 못하는 것 같았다.

사람들이 죽음이나 자살을 직접 체험할 수 없으니까, 직접 화면을 통해서 실제 사례를 보여주어야 하는 게 아닐까. 그래서 춘천 MBC 방송국 PD, 카메라맨과 함께 직접 전국을 다녔고, 또 티베트까지 직접 방문해 삶과 죽음의 현장에서 죽음과 자살 관련 다큐를 찍었다. 국내외 다양한 전문가와 체험자들을 통해 "자살한다고 문제가 해결되기는커녕 죽음 이후에 큰 어려움에 직면하게 된다"는 사실을 삶과 죽음의 현장에서 직접 입증하고자 했다.

자살자, 죽음을 어떻게 이해했는가

그러면 자살자는 죽음을 어떻게 이해하고 있는 지 정확하게 파악하는 작업이 선행되어야 한다. 먼저 "자살자, 죽음을 어떻게 이해했는가"에서는 자살자가 마지막으로 남긴 유서 분석 통해 죽음을 어떻게 이해했는지 검토한다. 자살자 유서를 살펴보니, 자살자는 "죽는 게 사는 것보다 낫다", "자살하면 고통에서 벗어난다"는 식으로 죽음을 이해하고 있었다. 자살자의 유서 분석 통해, 자살 현상의 밑바탕에는 죽음에 대한 잘못된 오해가 자리 잡고 있으므로, 자살자의 죽음 이해를 보다 분명히 검토해야 자살을 어떻게 예방할 수 있는 지 해법이 드러날 수 있다.

1. 하루하루 살아간다는 것이 너무 힘이 드네여. 매일매일 죽음이란 단어만을 품고 세상을 살아가고 있습니다. 오늘이면 죽을 수 있을까? 내일이 오지 않았으면 하는 생각에 늘 죽음을 생각하죠. …… 언제나 밝고 명랑하게 웃으면서 하루하루를 살아왔지만 이젠 지쳤다. 더 이상의 미래가 보이지 않는다. 미래가 없는 삶, 형에게 미래를 준비하라는 말을 들었다. 하지만, 이젠 늦어버렸다.[1]

2. 답답한 세상, 답답한 인생. 난 죽고 싶을 때가 많았다. 답답한 세상과 꽉 막힌 인생 때문이다. 어른인 아빠는 이틀 동안 20시간 일하고 28시간 쉬신다. 어린이인 나는 8시 30분부터 6시까지 학교와 학원에 갔다가, 집에 와서 10시까지 공부해야 한다. 27시간 30분 공부하고 20시간 30분 쉰다. 왜 어른보다 어린이가 자유시간이 적은 지 이해할 수 없다. 세상은 답답하다. 난 바다를 헤엄치는 물고기처럼 자유로워지고 싶다. 어린이가 왜 어른들의 개조를 당하면서 살아야 하는가.[2]

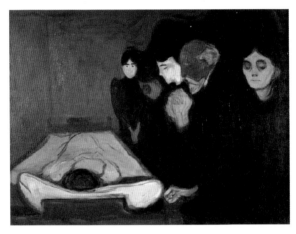

에드바르드 뭉크, 'Death' (1985년)

첫 번째 사례는 26세 남성의 글이다. 자살로 사망하기까지 최소한 1년 11개월 전부터 자살 시도를 했고, 자살 사이트에 지속적으로 글을 적었다. "정말 세상 사는 게 힘들고 고통스러운데 되는 일은 하나도 없고…… 막상 죽으려고 하니 두려움도 생기고 떨리고…… 이젠 지쳤다.

1) 박형민, 『자살, 차악의 선택』, 이학사, 2010년, 116쪽
2) 오진탁, 『자살, 세상에서 가장 불행한 죽음』, 세종서적, 2008년, 101~102쪽

더 이상의 미래가 보이지 않는다"면서 삶을 마감했다. 두 번째 사례는, 충남 천안에서 또 하나의 어린 주검을 알리는 일기장이 세상에 공개되었다. 맞벌이 부부의 외아들 초등학교 5학년 정 군이 같은 반 여자친구와 채팅하면서 자살을 예고한 뒤, 열흘이 지나 집에서 숨진 채로 발견되었다. 당시 아파트는 안으로 문이 잠긴 채 정 군 혼자 있었다. 정 군이 남긴 일기장과 채팅 메시지에는 '자살'의 그림자가 짙게 드리워져 있었다.

자살자 유서에는 앞에서 살펴보았듯이, "살기가 힘들다", "살기 지쳤다", "잘 살고 싶었지만 아무리 노력해도 되지 않는다"는 말이 자주 발견된다. 자살자 유서에서 발견되는 핵심 내용은 다음같이 3가지로 요약할 수 있다. "죽는 게 사는 것보다 낫다." "세상과 결별한다." "자살하면 고통에서 벗어난다." 3가지 핵심 내용을 보다 자세히 살펴본다.

A 죽는 게 사는 것보다 낫다

"잘 살고 싶었다. 하지만 웬일인지 그렇게 되지 않았다. 아무리 노력해도 되질 않았다. …… 내 자신이 이상해졌다. 바보가 되었다. 내가 왜 이렇게 되었는 지 내 자신도 모르겠다. 성적도 엄청 떨어지고 삶의 의욕도 없어지고 자신감도 없어졌다. 내 자신의 변화에 내 자신이 감당하지 못하겠다. 하루하루가 괴롭고 싫고, 두렵고 즐거운 날이 없었다. 내 자신이 비참하다. 희망이 보이지

고흐, '슬퍼하는 노인' (1890년)

않는다. 내 자신도 이렇게까지 하고 싶지 않지만, 어쩔 수 없다. 부모님

께 더 이상의 실망을 가져다주기도 미안하고 죄송스럽다. …… 하지만 그렇게 되지 못했다. 더 이상 내 자신이 비참해지기 싫다. 자존심도 패기도 모두 없어져버렸다. 중학교 시절처럼 행동하고 싶었지만, 아무리 해도 그렇게 되질 않는다. 모두들에게 이런 내 모습을 보여서 창피하다. 더 이상의 희망이 없다."[3]

> "죽고 싶다는 생각은 100번도 넘게 해봤다. 죽으면 끝날까. 죽으면 편해질까. 이대로 죽기엔 15년밖에 못 산 내 인생이 너무 아깝지만, 계속 이렇게 사는 것보단 나을 것 같다. 이대로라면 남은 인생, 정말 자신이 없다. 만약에 이 죽음에 성공하면 뭐라고 할까. 반항심에 저지른 충동적 자살? 아니다. 아주 오래 전부터 계획해 온 일이다. 죽음을 결심한 사람들은 아무런 낙이 없다. 내가 지금 살아갈 가치를 못 느끼고 있다."[4]
>
> "진짜 살고 싶지 않다. 왜 욕을 먹으면서 남의 눈치를 보고 살아야 하는지, 정말 그냥 죽어버리고 싶다. 자살하고 싶다."[5]

자살자는 자기 삶을 잘 살고 싶었지만, "아무리 노력해도 되지 않았다"고 한다. "훌륭한 사람이 되어 부모에게 효도"하고 싶은 욕망이 있었음에도 불구하고, 성적이 떨어지고 삶의 의욕이 사라져버린 것이다. 결국 죽고 싶지 않지만 더 이상 부모를 실망시키기 싫어 '어쩔 수 없이' 죽음을 선택하는 것이라고 한다. 이런 식의 내용은 자살자 유서에서 흔히 발견되는 내용이다. 자살자는 죽는 것보다 사는 게 힘들어 이렇게 사느니 차라리 죽는 게 낫다고 판단하고 있다.

---

3) 박형민, 앞의 책, 221쪽
4) 박형민, 앞의 책, 103~104쪽
5) 오진탁, 앞의 책, 26쪽

B 세상과 결별한다

또 살기가 힘드니까, 자살하면 모든 게 끝나고 지긋지긋한 세상과도 결별할 수 있다고 자살자들은 생각한다. 자살해 죽는다고 해서 다 끝나는 게 아님에도 불구하고, 이런 오해는 자살자 유서에서 흔히 발견된다. "이렇게 사느니 차라리 죽고 싶다." (안티성형 카페 회원) "죽어버리면 다 끝나는 거 아니냐!" (술 먹고 충동적으로 자살)

> "죽고 싶다고 느낀 적은 많다. 하지만 그것도 잠깐일 뿐 다시 죽기 싫어
> 질 때가 많았다. 그런데 지금은 다르다. 갑자기 사후세계가 궁금해지고 죽
> 음이 기대된다. 내가 만약 환생한다면 지금보다 훨씬 나은 삶을 살고 싶다.
> 이젠 삶에 질리고 지쳤다. 만약 천당과 지옥이 있다면 난 지옥에 가겠지.
> 길게 쓰기도 싫다. 이젠 원망스런 이 세상과도 안녕이다."[6]

자살자 유서에서는, 자살 통해 세상으로부터 벗어나겠다는 말이 흔히 발견된다. 하지만 자살해 죽으면 다 끝나는 줄 아니까 세상과 결별한다고 착각한다. 자살해도 세상과 결별하지 못한다는 사실을 앞으로 정확하게 제시할 것이다.

C 자살하면 고통에서 벗어난다

"자살은 해방 행위, 우리가 도달할 수 있는 가장 극단적이며 마지막 형태의 자유."[7]

---

6) 오진탁, 앞의 책, 139쪽
7) 토마스 브로니쉬, 『자살』, 이끌리오, 2002년, 123~124쪽

어려운 처지에 빠지면 그 어려움으로부터 '해방'될 수 있으리라는 기대로 자살 충동을 느끼는 사람이 우리 주변에는 많다. 자살자는 죽음을 통해 일종의 휴식을 취하고자 한다. "죽으면 영원한 안식을 얻을 수 있을까?"[8] 자살자들은 자살로 모든 게 끝나기를 기대한다. 죽으면 다 끝나기를 바란다. 자살은 해방 또는 자유를 가져다줄 수 있는가? 그러나 고통스런 현재로부터 자유로워질 수 있으리라는 생각으로 자살을 선택하는 것은 큰 착각이다. 어떤 자살자는 "자살한 뒤 무슨 일이 일어나든 상관없는 일"[9] 이라고 말하기까지 했다. 자살로 모든 것이 끝이고 무슨 일이 일어나건 상관할 바 없다면, 그가 말하는 '자유'란 도대체 무슨 말인가? 자살로 모든 것이 끝이라고 주장한다면, 이런 주장에 수반되는 결과에 대해 끝까지 책임져야 한다.

자살 예방 해법은 없는가?

우리 사회의 자살 사례들은 특정한 원인에, 또 특정 사회계층에만 국한된 것이 아니라는 점에서 더욱 심각성을 느끼게 한다. 우리 사회에서 자살은 말 그대로 '각계각층'에서 '각양각색'의 동기로 벌어지고 있다. 그런데 모든 자살 사례들에서 공통적인 점을 한 가지 발견할 수 있으니, 그것은 올바른 죽음관이 부재함으로써 자살이 일어나고 있다는 점이다. 수많은 자살자들의 사례를 추적해 보면, '죽음'에 대한 올바른 이해나 자각이 전무하다. 그들은 자신에게 다가온 현실적인 어려움을 해결하는 유일한 탈출구가 마치 '죽음'에 있기라도 하듯 너무나 쉽게

---

8) 토마스 브로니쉬, 같은 책, 117쪽
9) 토마스 브로니쉬, 같은 책, 121쪽

유튜브 동영상 "자살 시도했던 이우재 부장판사 1부, 2부"

우울증에 걸려 자살을 시도했다고 공개적으로 밝힌 이우재 부장판사. 우리 사회의 희망전도사로 불렸다. "부장판사가 자살시도 경험을 공개하는 것은 공직생활에 도움되지 않을 것이다. 하지만 우울증은 병일 뿐이며, 누구나 걸릴 수 있고 누구든지 이겨낼 수 있다는 메시지를 던져주고 싶었다. 우울증에 대한 인식을 바꿔야 한다. 우울증은 고칠 수 있는 병이다. 생각에도 습관이 있다. 우울할 때는 무엇을 봐도 비판적이지만 나는 지금 무엇을 봐도 즐겁다. 모든 일에 너무 집착하지 마라. 나중에 다시 생각해 보면 그 때 당시 받은 스트레스가 별 것 아니었다. 지금 겪는 스트레스가 오래 지속되리라는 생각은 하지 않았으면 좋겠다."

자살을 감행한다. 자살자는 죽음이 무엇을 의미하는 지, 자살한 이후 얼마나 끔찍한 상황이 자신에게 다가오는 지 전혀 개의치 않는다. 자살자가 이런 선택을 하는 것은 평소 죽음에 대하여 아무런 이해도, 어떠한 준비도 한 적이 없기 때문이다.

저자는 '웰다잉(Well-Dying)'의 개념과 자살 예방에 대해 오래 전부터 고민했다. 자살을 크게 줄이기 위해서는 죽음이나 자살에 대해 바른 시각을 갖도록 죽음과 삶의 참된 의미를 교육해야 한다. 자살에 대한 근본적인 해결책은 결국 분명하고도 단호한 어조로 "죽음, 끝이 아니다" "자살해도 고통에서 벗어날 수 없다" "죽음을 알면 자살하지 않는다"는 사실을 다양한 연령층의 눈높이에 맞게 제시하는 교육에 있다. 죽음을 교육하게 되면 자살이 얼마나 끔찍한 자해행위인 지 사람들 스스로 알게 된다. 따라서 자살 예방은 자살에 대한 단편적인 접근, 미봉책이나 임시방편으로는 효과를 거둘 수 없으며, 우리 사회의 죽음 이해와 임종 방식에 대한 총체적인 문제제기가 선행되어야 한다.

자살의 근본원인, 죽음에 대한 잘못된 인식

생사학의 관점에서 보면, 자살 현상의 근저에는 '죽음에 대한 잘못된 인식'이 자리하고 있다. 사실 죽음 문제에 비하면 자살 그 자체는 그야말로 빙산의 일각에 불과할 뿐이다. 바닷물 아래에 잠겨서 우리 시야에는 잘 잡히지 않지만, 우리나라 사람들이 죽음을 맞이하는 방식에 문제가 있다. 죽음이해와 임종을 맞이하는 방식에 문제가 많다 보니 결과적으로 자살이 자주 일어나는 것일 뿐이다.

자살 현상을 이해하고 효과적으로 예방하기 위해서는 자살 자체에 초점을 맞추기보다는 수면 아래 숨어 있는 죽음에 대한 오해와 편견, 불행한 죽음 방식에 대한 심층적 반성과 함께 새로운 방향모색이 시급하다. 눈 앞에 보이는 자살만 문제 삼고 올바른 죽음 이해와 임종방식을 알게 하는데 관심을 쏟지 않는다면, 우리 사회에서 자살률은 결코 줄어들지 않을 것이다.

죽음이 죽었다

- 이문재

죽음이 죽었다

죽음이 죽어서
죽음과 동떨어졌다
죽음이 죽음과 멀어졌다

죽음이 죽었다
삶이 죽음을

인정하지 않아서
죽음이 삶을
간섭하지 못해서

삶이 죽음과
함께 살지 못해서
죽음이 죽음으로
살지 못했다
죽음이 죽지 못하고 죽어서
삶이 삶으로 살지 못했다

죽음이 죽었다
삶이 죽음을 죽여서
죽음이 죽었다
죽음이 죽음을 죽여서
삶이 죽었다

삶이 삶을 살지 못해서
죽음을 죽이고
죽음이 죽지 못해서
삶을 죽였다

죽음이 죽었다

자살 문제보다 죽음 이해와 임종 방식이 훨씬 중요하다는 말의 의미가 바로 여기에 있다. 사람들은 행복한 삶을 원하는 만큼이나 간절하게 행복한 죽음을 원하겠지만, 실제로 대다수의 사람들은 마치 불행한 죽음을 원하기라도 하는 듯 죽음에 대해 갈피를 못잡은 채 불행하고 고통스런 죽음을 맞이하곤 한다. 자살은 불행한 죽음의 한 가지 사례에 불과할 뿐이다.

자살예방 다큐 '자살, 한국 사회를 말하다'

'자살은 고통을 부른다'는 연구를 일단락 지은 다음, 또 티베트까지 직접 방문해 삶과 죽음의 현장에서 관계자를 인터뷰하면서 죽음과 자살 관련 다큐를 찍었다.[10] 여기 2부에서는 단순히 이론적 차원의 논의가 아니라, 실제로 자살한 사람의 육성증언에 초점을 맞추고자 한다. 자살자 영혼의 육성을 들을 수 있는 방법은 다음 3가지뿐이다. 이런 방식으로 자살자 영혼을 불러낼 수 있는 사람을 우리 사회에서, 또 다른 나라에서도 찾기가 쉽지 않다.

첫째 현대 정신건강의학의 최면치료
둘째 불교의 구병시식과 천도재
셋째 우리 사회와 역사를 함께 하는 민간신앙

3가지 방식으로 자살자 영혼을 불러내어 자살한다고 고통이 끝나지 않는다는 사실을, 관련 동영상 자료 통해 직접 눈으로 볼 수 있게 할 수 있다면, 더 이상 자살하겠다는 생각을 단념하지 않을까. 종교학계의 원로 정진홍 서울대 종교학과 명예교수도 이렇게 말한다.

"자살의 기본 동기는 죽으면 모든 것이 해결된다는 착각 때문이다. 죽음
이 끝이 아니고 해결의 방법이 될 수 없다는 것을 분명히 가르쳐 줘야 된다."

자살이 해결방법이 아니라는 사실을 어떻게 알려줄 수 있을까. 단순

---

10) 2011년 6월 MBC를 통해 방송된 자살예방 다큐 2부작 '자살, 한국사회를 말하다'

히 성경이나 불경을 인용해 전하는 방식으로는 설득할 수 없을 것이다. 우리 사회에 자살사례가 갈수록 증가하고 있어서 『삶, 죽음에게 길을 묻다』의 4장 '자살, 고통을 부른다'를 발표한 바 있다. 자살은 현실 고통의 도피구가 아니고 재앙을 부른다는 것을 밝혔지만, 자신들이 죽음이나 자살을 직접 체험할 수 없기 때문에, 사람들은 잘 받아들이지 못하는 것 같았다. 그렇다면 단순히

종교학계 원로 정진홍 교수

이론이 아니라 실제 사례를 직접 화면을 통해서 보여주어야 하는 게 아닐까. '자살, 고통을 부른다'는 연구 작업을 일단 마무리한 다음, 다큐를 통해 자살이 고통을 부른다는 증거를 직접 보여줘야 하는 게 아닌지 생각하고 있었다.

춘천 MBC가 자살예방 다큐를 찍자는 제안을 제안했을 때, 다큐 제작의 필요성을 느끼고 있었던 나는 망설임 없이 동의했다. 다큐 촬영은 '자살이 고통을 부른다'는 이론적 연구작업을 마무리한 상태에서 직접 자살과 죽음의 현장을 만날 수 있는 기회이기도 했다. 과연 원하는 내용을 화면에 담을 수 있을 지 조금 고민되기도 했지만, 내 인생을 건 연구 결과에 대해서는 추호의 의심도 없었다. 또 생사학 연구와 자살예방은 누군가 반드시 해야 할 일이 아닌가. 다큐 촬영은 화면을 통해 나의 연구결과를 보여주는 작업이었기에 약간 흥분되는 일이기도 했다.

현대 정신건강의학의 최면치료

최면 치료 통한 임종 장면 회상

정신건강의학의 최면치료는 다른 치료 방법으로는 좀처럼 낫지 않는 마음의 병을 앓는 환자들로 하여금, 과거 삶에서의 기억과 감정들을 정리하고 이해하게 함으로써 환자를 괴롭히던 증상들을 크게 호전시키는 치료 방법이다. 여기서 우리는 죽음의 순간을 현대 정신건강의학의 최면치료에서는 어떻게 말하고 있는 지 주목할 필요가 있다. 어느 나라 사람이든 종교나 신념에 관계없이 유사한 내용을 증언하고 있어서 주목된다. 죽음 이후의 세계가 존재한다는 사실을 의심하고 있고 죽음의 공포에 시달리고 있는 내담자를 최면치료 했더니, 다음의 대화가 이루어졌다.

사례 1)

의사: 어디에 있나?

환자: 침대에 누워 있다. 거의 숨을 쉴 수가 없다.

의사: 죽어가고 있다는 것을 알고 있나?

환자: 생명이 몸에서 빠져나가는 것을 느낀다. ……고통스러워 못견디겠다.

의사: 무슨 일이 일어났나?

환자: 죽었다. …… 숨 쉬는 것을 그만두고 육체에서 떠났다.

의사: 지금 당신은 어디에 있나?

환자: 바로 위에서 시체를 내려다보고 있다.[11]

사례 2)

의사: 초원을 떠돌다가 죽었나요?

환자: 네.

의사: 죽는 순간으로 가겠습니다. 자신이 보이나요? 어떤 모습인가요?

환자: 쭈그리고 있습니다. 바싹 여윈 사내가 누워 있습니다.

의사: 이미 죽었습니까?

환자: 네.

의사: 당신은 어디 있습니까?

환자: 그 옆에서 시신을 바라보고 있습니다.

의사: 그 곳을 떠나 어디로 가나요?

환자: 지금 배를 젓고 있습니다. 강을 건너 가고 있구요. 제가 죽었더니,
흰 옷을 입은 두 사람이 마중 나왔습니다.

의사: 무슨 강입니까?

환자: 죽음의 강입니다. 죽으면 모든 사람이 죽음의 강을 건넙니다.[12]

최면치료 과정에서 임종의 순간을 회상하게 할 경우, 많은 이들이
죽은 이후 육체로부터 영혼이 빠져나와 허공에 떠다닌다면서, 어느 나

---

11) 이이다 후미히코, 김종문 역, 『사는 보람의 창조』, 자유문학사, 2005년,
145-146쪽

12) 김영우, 『전생여행』, 정신세계사, 2009년, 78-79쪽

라 사람이든 종교나 신념에 관계없이 똑같은 내용을 증언하고 있다.

최면 치료 통한 자살 장면 회상

그러면 자살한 사람이 최면상태에서 임종 장면을 회상한다면? 최면 상태에서 자신이 과거에 자살한 행위를 기억해 내는 사람들도 적지 않다. 자살하면 어떻게 되는가? 최면상태에서 물었더니, 어느 나라 사람이든 종교에 관계없이 다음과 같은 내용을 증언하고 있다.

사례 1)

의사: 고통을 이기지 못해 자살하면 어떻게 되는가.

환자: 어둡다. 캄캄하다. … 웅크리고 있다(바짝 긴장하고 있다).

의사: 캄캄한가?

환자: 이렇게 되기 때문에 자살하면 안 된다.[13]

사례 2)

김영우 박사가 최면치료하고 있다

의사: 죽음 순간으로 옮겨간다. 죽음을 어떻게 맞았나?

환자: 빌딩에서 뛰어내렸다. 절망을 느꼈기 때문이다.

의사: 죽은 후에 어떤 기분이 들었는가?

환자: 뭐가 뭔 지 잘 몰랐지만, 곧 스스로 목숨을 끊은 것을 매우 후회했다.

의사: 어떻게 그 혼란에서 빠져나왔는가?

---

13) 이이다 후미히코, 앞의 책, 378쪽.

환자: 먼저 돌아가신 부모의 모습을 보았다. 부모 만나 알았다. 내가 무슨
     짓을 했는 지…….
의사: 자살자는 죽은 뒤 누구나 같은 느낌을 가질까?
환자: 자살해서는 안 된다. 자살자는 자신이 얼마나 어리석은 행위를 했는
     지 알지 못한다. 삶에서 도망친다고 아무것도 해결되지 않는다.[14]

정신과 전문의 김영우는 최면치료 기법을 통해 자살한 사람이 어떤
상황에 처하는 지 자세히 보고하고 있다. 최면요법은 역사는 짧지만
이미 미국 정신건강의학의 교과서에 수록되어 공인된 치료 방법의 한
가지로 받아들여지고 있다. 최면치료 과정에서 환자들이 떠올리는 다양
한 죽음의 기억 중에는 자살로 삶을 마감한 경우도 꽤 있는데, 그 경험
은 예외 없이 깊은 상처가 되어 현재의 삶에도 큰 영향을 주는 것으로
확인되었다. 원인을 알 수 없는 막연한 우울감과 고독감, 위축감과 죄책
감 등은 자살의 경험을 가졌던 환자들이 가장 흔히 호소하는 정신 증상
들이며, 두 번 이상의 자살 기억을 가진 환자들은 이런 경향을 뚜렷이
보여준다.

30대 여성, 태어나면서부터 우울했다?

이씨는 가정주부, 결혼해서 딸 하나를 두고 살고 있지만 어릴 때부터
찾아오곤 하던 원인을 알 수 없는 고독감과 우울감, 어둠에 대한 공포는
그를 편하게 해주지 않았다. 자신이 기억하는 한 아주 어릴 때부터 우울
했다며 아마 태어날 때부터 우울했던 것 같다고 말했다. 정신과 전문의

---

14) 이이다 후미히코, 앞의 책, 375~377쪽

에게 상담도 받고 약도 먹어봤지만 우울증 해소에는 도움이 되지 않았다며 언제나 마음 한 구석에 있는 자살 충동에 대해 얘기했다. 너무 괴롭고 가족들에게도 미안해서 죽고 싶었다고 한다. 김영우 박사에게 최면치료를 받았더니, 최면 상태에서 그의 내면의식은 우울과 공포의 원인이 과거 삶의 기억 속에 있다고 대답했고, 그 기억들을 찾아내고 이해하면 나을 수 있다고 했다. 이후 세 번의 전생퇴행을 통해 떠올린 세 가지 삶의 모습 속에서 그는 두 번의 자살 경험을 기억해 냈다.

첫 번째의 자살은 중세기 유럽 남자로서의 삶이었는데, 전쟁에 나가 한쪽 다리를 잃고 돌아오니 가족들은 멀리 피난을 가버려 낯선 도시로 가서 걸식을 하며 살 수밖에 없었다. 배고프고 비참한 불구자로서의 삶은 그를 절망과 외로움에 빠지게 했다. 어느 날 결국 근처 호수 속으로 걸어 들어가 스스로 목숨을 끊게 되었다. 그 삶에서의 절망감에 대해 그는 이렇게 말했다.

> "제가 이 삶에서 혼자 있으면 언제나 느끼는 막막하고 답답한 절망감이 그 삶에서 죽기 전에 느꼈던 것과 똑같아요. 사실 저는 물에 대한 심한 두려움도 있어요. 그것 때문에 수영을 배울 수 없었고, 물가에 가면 마음이 편치 않아요.[15]

두번째 자살은 조선시대 처녀로서 살았는데 마을 총각과의 관계에서 임신을 하였고, 그 사실을 알게 된 어머니의 혹독한 꾸중과 질책을 견디지 못해 벼랑에서 떨어져 죽었다.

---

15) 밝은 죽음을 준비하는 포럼, 『급증하는 자살, 어떻게 할 것인가』, 2004년 10월 29일, 26쪽

"그 때도 제 성격은 지금과 비슷했던 것 같아요. 아마 우울증도 있었을 거예요. 벼랑에서 뛰어내리기 전에 느꼈던 슬픔과 답답함도 지금 느끼는 것과 완전히 같아요. 어머니에게 한 마디도 못하고 처음부터 죽음을 생각 했었거든요."16)

그 뒤 두 번의 치료 과정 속에서 그는 삶의 의미와 생명의 소중함에 대해 어렴풋이 깨닫게 되었다고 하며, 그 두 번의 자살 기억은 자신의 전생임이 틀림없다고 주장했다. 최면치료로 고질적이던 우울증은 거의 사라졌고, 불을 끄면, 자지 못하던 어둠에 대한 공포증도 없어졌다. 대인관계에서도 여유가 생겨 남편과 아이가 처음으로 가깝고 다정하게 느껴진다고 말했다.

최면치료 통해 우울증 원인 발견

최면 치료를 받은 이후 자신의 삶과 어려움을 대하는 태도가 달라지는 경우는 무척 흔하다. 그들이 떠올리는 기억이 실제 전생의 기억이라는 사실을 객관적으로 증명할 수는 없지만, 그 내용 속에 현재의 증상과 어려움을 이해하고 풀 수 있는 중요한 실마리가 들어 있는 것은 분명하다. 그렇기 때문에 환자 자신도 영혼의 존재, 또 "모든 행동에는 끝까지 책임이 따른다"는 인과의 법칙을 사실로 받아들이게 된다. 자신의 자살로 피해를 입힌 가족들을 다시 만나 보상을 해나가는 경우도 있고, 같은 잘못을 거듭하여 더 어려운 상황에 빠져 있는 경우도 있다.

박씨는 45세의 남자 환자이며 만성적 두통과 불면, 우울과 무기력에

---

16) 밝은 죽음을 준비하는 포럼, 앞의 자료집, 26~27쪽.

시달리고 있었다. 역시 약물복용과 상담치료 등을 오래 받았으나 별 차도가 없어 김박사에게 최면치료를 받았다. 두 번째 최면치료 시간부터 전생퇴행을 시도하여 찾아낸 과거 삶의 기억 속에서 그는 중국의 부잣집 아들의 모습이었다. 어릴 때부터 남부러울 것 없이 자란 그는 스무 살 무렵 아버지를 갑작스런 사고로 잃은 후 집안이 몰락하는 과정을 무기력하게 지켜보며 괴로워하다 스스로 목숨을 끊었다.

죽음의 과정을 거치며 몸에서 빠져나온 그의 영혼은 그렇게 맥없이 생을 마감한 자신의 결정이 큰 잘못이었음을 깊이 느끼고 반성하였으나, 이미 되돌릴 수 없는 일이었다. 큰 자책감을 가진 채 영혼의 상태에서 오랫 동안 고통을 겪은 후 새 삶을 맞이하였으나, 이번 삶의 모습도 과거의 삶과 흡사한 것이었다. 어릴 때 부모님이 모두 돌아가신 후 나이 차이가 많이 나는 큰 형과 형수의 손에 자라나며 모멸감을 심하게 겪었다. 경제적으로도 무척 쪼들리는 형편에서 마음의 여유 없이 생활하며 늘 긴장과 불안을 떨칠 수 없었고 성장기와 청년기 동안 그의 외로움과 위축감, 우울감은 점점 깊어져 갔다. 마치 과거 삶에서 끝까지 성실하게 살며 극복했어야 할 어려운 문제들을 지금 삶에서 한층 더 어렵게 만들어 재시험을 보는 듯했다.

그는 자신의 우울과 무기력이 과거 삶의 자살과 연관이 있는 것 같다면서, 지금의 어려운 여건도 과거의 삶에서 소화시키고 극복하지 못했던 과제의 연장이라는 생각이 든다고 말했다. 이후 몇 번의 치료과정을 거치며 삶의 의미와 영혼의 존재에 대해 눈 떠가면서 우울과 무기력감은 서서히 사라졌고, 현재 삶의 어려운 상황을 회피하지 않고 하나씩 풀어나가는 것만이 올바른 삶의 자세라는 태도를 가지게 되었다.[17]

17) 오진탁, 『마지막 선물』, 교보문고, 2013년, 190-191쪽

최면치료를 통해 한 사람이 지나온 과거 삶의 모습들을 돌아보면, 그 사람이 현재 겪고 있는 증상이나 환경, 가족이나 가까운 사람들과의 관계가 절대 우연히 주어진 것이 아니다. 반드시 어떤 분명하고 당연한 이유가 있어 주어진 것이라는 결론에 도달하게 된다. 따라서 살아가면서 아무리 어려운 상황과 힘든 일을 만난다 해도, 그것을 자살이나 자기 파괴적인 행동으로 회피해서는 안 되며, 정면으로 맞서 하나씩 풀어나가야만 하는 과제라는 사실을 깨닫게 된다. 이러한 깨달음과 인생관이 없다면, 누구든 어려운 일을 당했을 때 자신의 처지를 비관하고 형편이 좋은 남들을 질시하고 증오하며, 내면의 분노를 삭이지 못해 파괴적이고 극단적인 돌파구로 자살이나 살인을 선택할 위험이 높아지는 것이다.[18]

어머니의 자살, 돌잡이에게도 깊은 상처를 남겼다

자살은 사고사나 병사와는 달리 당사자는 물론 가족에게 너무나 깊

---

[18] 전생 리딩 상담가 박진녀의 치유 사례. 40대 대학교수는 자수성가한 인물로 인생의 황금기를 누리던 중, 갑자기 불치병에 걸렸다. 그의 전생을 리딩했더니, 15세기 서양에서 귀족의 서자로 태어나 이복 누나를 사랑했다. 누나가 다른 귀족과 정략결혼을 하게 되었고 불행한 결혼 생활을 견디지 못해 자살했다. 사랑하는 누나 죽음 앞에서 그도 자살을 선택했다. 또 다른 삶에서 일본 전국 시대 장군의 부인이었는데, 남편이 전쟁터에서 전사하자 외로움을 견디지 못해 저수지에 몸을 던졌다. 리딩 통해, 교수는 두 번 자살이라는 나쁜 인과를 지었음이 밝혀졌다. 그래서 이번 삶에서는 자살의 인과를 해결하기 위해 삶의 전성기에 불치병에 걸려 죄과를 청산하려고 하는 것이다. (박진녀, 『당신의 질문에 전생은 이렇게 답합니다』, 김영사, 2020년, 173-174쪽)

에드바르드 뭉크, '죽은 엄마'(1899년)   '죽은 엄마와 아이'(1893년)

고 아픈 상처를 남긴다. 그 후유증이 얼마나 큰 것인 지 당해 보지 않은 가족은 짐작하기 어렵다. 한 여성은 돌도 되기 전에 겪었던 엄마의 자살로 인한 충격이 의식 깊은 곳에 저장되어 35년간 원인도 모른 채 고통 속에서 살았다. 30대 중반의 여성이 어느 날 머리가 깨질 듯 아프다면서 김 박사의 병원을 찾아왔다. 병원 여러 곳을 다녔지만 원인을 알 수 없더라는 것이다. 그녀는 지적인 전문직 여성이었다. 그녀는 돌도 지나기 전에 어머니가 자살해 새 어머니 손에서 사랑을 받으며 자랐고, 고등학생 때 이 사실을 처음으로 알았다.

어머니의 자살 이야기를 듣고 웬지 큰 죄책감이 들어 악착같이 공부에 몰두했고, 결국은 일류대에 진학했다. 그녀가 최면치료를 원하여 치료를 시작하자마자 서너 살 먹은 아기처럼 울어서 간호사까지 놀라게 했다. 태어난 지 6개월 쯤 엄마와 함께 있는 장면을 상상해 보라고 하자, 엄마는 자기를 사랑한다고 말하면서 사랑받는 표정을 지었다. 태어난 지 9개월이 지나자 엄마 내면에 혼란이 일어났다. 부부 간의 성격 차이로 결국 엄마가 자살하는 시점에 이르자, 그녀는 갑자기 울면서 "엄마가 그러면 안 되잖아, 엄마가 자살하면 안 되잖아!" 소리치는 것이었다. 최면치료를 통해 엄마의 사랑을 받으며 크는 장면, 자살에 충격 받는 상황을 재현한 이후 그녀의 두통이 감쪽같이 사라져버렸다.[19)]

자살한 남편의 영혼을 만났다

최면치료를 통해 죽은 사람의 영혼을 만날 수 있는 지 직접 카메라에 담기로 했다. A는 최근 남편이 불행하게 삶을 마감했다. 아직도 남편의 죽음을 안타깝게 생각하고 있는 그녀는 남편의 죽음을 받아들이지 못하고 있다. 그래서 본인의 희망에 따라 최면을 통해 남편의 영혼을 불러 만나 보기로 했다.

> 김영우 박사: 죽은 남편에게 하고 싶은 얘기 다 하세요. 그가 듣고 있고 앞에 있다고 생각하면서, 마음에 쌓아 놓은 이야기를 토해 놓으세요. 그에게 다 전달이 됩니다.

> A: (울면서) 정말 당신을 성실하게 사랑했어. 지독하게 너무 사랑했고, 내가 지혜롭지 못해서 당신에게 상처준 거 너무 미안하고, 당신이 아버님 때문에 얼마나 힘들어했는 지 내가 충분히 이해할 수 있어. 성숙하게 다시 만나서 정말 큰 사람으로 살아갈 수 있을 거라고 생각했는데 너무 젊은 나이에 너를 보내서 내가 너무 힘들어. 이 세상에 당신처럼 나를 돌봐줄 사람은 없어. 당신은 정말 책임감 있고, 아이들을 위해서 최선을 다했어. 당신이 괴롭지 않았으면, 아프지 않았으면 좋겠어. 정말 편안

---

19) 한림대 생사학연구소 주최 세미나, 『자살 충동, 어떻게 예방할 수 있을까』, 2006년

한 곳에 있었으면 좋겠다.

김 박사: 죽은 남편이 당신에게 하는 얘기를 들어보세요. 느낄 수 있을 겁니다.

A: 남편이 미안하다 그러는 것 같아요. 모든 게 잘 될 거라고 위로하는 것 같아요.

김 박사: 왜 그런 식으로 갔냐고 물어보세요. 그가 대답할 겁니다.

A: 정말 도망가고 싶었을 거 같아요.

김 박사: 그가 짐이 많았던 모양이죠? 지금은 그 어느 때보다 편안할 것 같아요?

A: 이젠 모든 게 자유로워졌을 거라고 생각해요.

김 박사: 앞으로 마음 편히 갖고, 건강하고 맑고 깨끗하게 내면을 다져 나가세요.[20]

자살한 기억이 있는 환자들은 각각의 삶에 주어지는 책임과 배움의 과제를 무책임하고 참을성 없게 벗어던지는 행위로 인해 씻을 수 없는 아픈 기억을 남기게 되고, 자살을 선택한 순간부터 그 행위를 후회하게 된다. 그 삶에서 배우고 인내해야 했던 여러 가지 어려움들을 피해 스스로 목숨을 끊었다면 죽음의 순간을 넘어선 영혼의 상태에서부터 후회와 죄책감을 가지게 된다. 그리고 그 다음에 주어지는 삶에서는, 과거 목숨을 끊었던 삶에서 감당해야 했던 원래의 과제들과 함께, '자살'이라는 어리석은 선택의 빚까지도 갚아나가야 한다. 자살을 했을 때 그 결정에 후회하고 나중에 다음 삶에서 고통을 받았던 체험을 증언하는 최면치료 사례들이 많다고 김영우는 강조한다.

20) 춘천 MBC, 위의 다큐

"나는 자살을 많이 했다"

또 다른 사례자인 30대
여성 K씨도 김영우 박사
가 소개했다. 그는 현재
전업주부로 종교가 없다.
이공계 엔지니어 직업을
갖고 있었고 이성적이고
과학적인 사고를 중시하
는 집안에서 살아온 사람

최면치료를 통해 자신의 자살을 직접 보았던 K씨

이다. 어릴 때부터 악몽에 시달려서 견딜 수 없었다. 그러한 상황이 고
통스러울 정도로 자주 반복되다 보니 김 박사 병원을 찾게 되었다. 최면
치료를 받으면서 이러한 꿈을 꾸는 원인에 대해 알게 되었다. 최근에
그녀는 꿈을 전혀 꾸지 않는다. 더 이상 병원에서 치료받을 필요가 없다
고 한다. 그녀에 따르면 최면치료를 통해 과거를 보는 패턴이 사람마다
다르다고 한다. 김영우 박사를 만나기 전에 그의 최면치료 도구(CD,
책)로 최면을 시도해 본 적이 있었지만 모두 실패했다. 그러다 최근 다
시 구입하여 시도를 해보았더니 갑작스럽게 과거를 경험했다.

> "나는 과거의 삶에서 자살을 많이 한 것 같다. 과거의 삶에서 만나는
> 고통을 견뎌내지 않고 자살로 도망쳐 현재 삶에서도 자꾸 유사한 고통들이
> 생겨나는 것이다. 사람들은 죽으면 다 끝난다고 생각하지만, 나는 최면치료
> 통해 영혼의 존재를 마음으로 알고 충분히 느꼈기 때문에 그러한 사실을
> 더 이상 의심하지 않는다. 영혼의 존재는 마음으로 느끼는 것이다. 최면치
> 료 통해 내가 직접 체험했기 때문이다."

질문: 본인은 왜 자살 충동을 자주 느꼈는가?

답변: 최면치료 통해 과거의 삶에서 내가 자살한 것을 여러 번 보았다. 과거 삶에서 마주치는 고통을 해결하지 않고 자살해서 현재의 삶에서도 자꾸 유사한 삶의 고통에 마주치게 되는 것 같다. 그 문제를 해결할 때까지 유사한 고통들이 계속해서 생겨날 것 같다.[21]

질문: 사람이 육체만의 존재가 아니라 영혼도 있다는 것을 사실로 알고 있는가?

답변: 영혼의 존재는 마음으로 느끼는 것이다. 마음으로 알고 또한 충분히 느끼고 있기 때문에 그러한 사실을 의심하지 않는다. 내가 직접 체험하고 느꼈기 때문에 의심할 수 없다. 내가 말하고 싶은 것은, 최면치료는 굉장히 유용한 치료이고 우리의 문제를 해결해 줄 수 있는 효과적인 치료 방법이다. 하지만 자기 자신의 문제를 해결하겠다는 적극적인 의지, 자기 문제에 대해 깊이 있게 고민해 보는 의지도 중요하다.

질문: 영혼은 미신이라고 말하는 사람도 있는데, 영혼의 존재를 믿지 않는 사람들에게 본인의 전생 체험을 어떻게 설명할 것인가?

답변: 아직 과학이 발전하지 못해 믿지 않는 것일 뿐이다. 19세기 사람들도 자신이 첨단 과학 문명 속에서 살아가고 있다고 믿었을 것이다. 하지만 그들은 스마트폰을 믿지 못할 것이다. 전생 문제는 과학이 덜 발달했기 때문이지, 과학이 더 발달하면 증명이 될 것이라 생각된다.[22]

---

21) 최면 상태에서 자신이 자살한 것을 알게 된 사람들은, 자살이 문제의 해결이 아니라 기껏해야 문제를 지연시킬 뿐이라는 사실을 알게 된다.

22) 전생 리딩 상담가는 말한다. "살인한 후 죄의식을 감당하지 못해 자살한 사람을 리딩한 적이 있다. 그는 죽음 문턱을 넘어서는 순간부터 지옥의 깊은 골짜기에 떨어져 헤매기 시작한다. 그 세계에서도 자신을 체포하기 위해 달려오는 영혼의 추적자들의 눈을 피하기 위해 허둥지둥 도망친다. 그 때 어렴풋이 작고 비좁은 동굴이 그의 눈에 띈다. 그 안에 몸을 숨기려고 필사적으로 들어간다. 동굴은 다름 아니라 그가 다음 생에 태어날 여인의 자궁이다. 그곳은 '비참한 삶이 예정된' 장소다. 하지만 가엾은 영혼이 알 리 없다. 자살은 죄악이다. 아무리 힘들고 어려워도 자살은 도피일 뿐이

질문: 자살을 생각하는 사람들에게 하고 싶은 말은 무엇인가?

답변: 나도 자살 충동이나 살인 충동을 느낀 적이 있다. 청소년기에 아주 심했다. 억울한 일을 당하면 청소년들은 살인 충동과 함께 자신의 삶도 끝내겠다는 자살 충동이 일어난다. 내가 이 삶에서 자살을 하지 않은 이유는, 전생에 나는 성적 수치심을 느끼고 자살한 적이 있기 때문이 아닌가 한다. 청소년 시기에는 정말 죽고 싶을 만큼 고통스러웠지만, 나를 괴롭힌 사람들 때문에 내 인생을 망칠 필요가 없다고 그 때 생각했다.[23]

최면치료 전문가 김영우 박사(정신건강의학 전문의)

질문: 태어나면서부터 어둠이나 불안증세가 있고 병원에 다녀도 치료가 되지 않는 환자들이 많다. 최면치료를 통해 지난 과거에 자신이 자살한 장면을 직접 보았던 사례가 있는가?

답변: 우울증의 원인을 찾을 수 없을 때, 최면치료를 통해 원인을 찾아가는 작업을 한다. 이상한 모습으로, 목을 매 자살했거나 강에 뛰어들었다거나, 슬픔을 느끼고, 죽어있는 자신을 보면서 들었던 막막함이, 또한 지금 삶에서 막막한 느낌으로 이어지고 있는 사례를 본 적이 있다. 과거 삶의 막막한 느낌, 이런 기억의 사실 여부 논란은 시간이 필요하지만, 당사자에게는 정서적으로 실제성을 지닌다는 것을 받아들여야 한다.[24]

다.” (박진여, 같은 책, 2020년, 171-172쪽)

23) 유튜브에서 “최면치료를 받은 K씨”를 클릭하면 K씨 인터뷰를 직접 보고 들을 수 있다.

24) “임상심리학자이자 전생 치료사로 널리 알려진 Moris Netherton 박사는 말한다. ‘임종순간 지니고 있던 미해결의 트라우마가 이상 행동의 가장 큰 원인이다. 내가 만난 사람들이 안고 있는 문제들 중 대부분은 전생의 죽음에 근본 원인이 있다.’ Helen Wambach 박사도 이렇게 말한다. ‘현생에

질문: 자살예비군이 우리 사회에 상당히 많다. 자살이 고통을 해방시켜 줄 것이라고 기대하고 있는 사람들에게 해주고 싶은 말이 있다면?

답변: 죽음이 무엇인 지 알면 자살을 시도하지 않을 것이다. 죽음 이후의 세계에 대해 이해하고 있다면, 자살을 선택할 수 있는 그런 마음이 생기지 않을 것이다. 자살과 같은 방식으로 지금 해야 할 일을 중간에 뚝 잘라서, 자기 책임을 딱 잘라버리고 도망간다면 나중에 찾아올 후유증은 크다. 죽음 이후에도 존재는 소멸되지 않는다는 사실을 알아야 한다. 죽음이 끝이 아니라는 사실을 학교에서 가르쳐야 한다.

김영우 박사의 영문 저서 『과거로의 여행과 지혜의 메시지』, 그의

서의 원인 모를 공포 증세 중에는 전생에서의 죽음에 대한 경험과 공통된 일치점이 있다.' 환생을 믿지 않았던 Gerald Edelstein 박사도 최면 상태에서 환자 중 일부가 자신의 전생으로 빠져 들어가는 것을 발견했다. 그는 원인을 알 수 없지만, 정말 놀라운 결과였다고 인정한다. 전생과 환생의 존재 여부는 중요하지 않다. 전생 경험이 환자의 치유에 도움이 된다면, 그에 대한 논리적 설명이 꼭 필요할까?" (박진여, 같은 책, 175쪽)

치료 작업은 우리 사회에 잘 알려지지 않았지만, 외국에서 높이 평가되고 있다.

질문: 사람들이 죽음을 준비해야 하는 이유는?

답변: 환자들에게 수업시간만 생각하고 끝나고 무엇을 할 지는 생각 안하느냐, 교실에서 인생이 끝나는 거냐고 물어보면 이해한다. 환자들이 최면치료 중에 죽은 자신의 육신을 허공에서 내려다보며 죽음을 체험하는 경우가 있는데, 이를 통해 죽음 이후에 자기 존재가 있다는 것을 알게 된다. 죽음 이후에 자기 존재가 있다면, 아무 준비 없이 쇼크 상태로 죽는 것은 바람직하지 않다. 내일을 준비하는 것이 자연스러운 현상인데, 죽음을 이런 맥락에서 이해하면 된다고 생각한다. 삶이 얼마 남지 않는 사람들은 죽음을 보다 적극적으로 준비해야 한다. 자발적으로 공부할 여유가 없다면 주변에서 도와주어야 한다. 평소에 삶과 죽음에 대한 준비가 되어 있어야 갑작스러운 죽음을 겪었을 때도 마음에 위안을 얻을 수 있다. 이별과 상실에 대해 일상생활에서 자연스럽게 공부해야 한다. 정신과 치료를 받는 사람들을 모자라거나 의지력이 약해서 정신병이 걸린 것이 아니냐고 생각하지만, 전혀 그렇지 않다. 정신적인 질환이나 증상, 우울증에 걸린 사람은 다리가 부러진 사람이 걸을 수 없는 것처럼 아무것도 할 수 없다. 의지력으로 극복하려고 해도 되지 않는다.[25]

또한 정신건강의학과에서 상담치료를 받는 것은 효과를 보기가 어렵다고 김 박사는 말한다. 사람마다 선입견이나 자신을 보호하려는 방어벽 때문에 그것을 뚫기가 힘들기 때문이다. 정신건강과 의사들이 상담치료, 분석치료를 해도 투자되는 시간이나 노력에 비해 결과가 신통치

---

25) 유튜브 "김영우 박사 인터뷰 1부"

않다. 김영우 박사는 정신분석치료를 많이 해보았지만 환자에게 도움이 별로 안 된다고 말한다. 그러니까 심리치료보다 약물치료에 더 의존하게 되는 것이다. 약물치료에 의지하는 이유는 환자의 심층을 파고 들어가지 못하기 때문이다.

자살 선택이 왜 잘못인지, 차분히 교육해야

최면치료는 테크닉으로 되는 게 아니다. 내면을 건드릴 수 있을 때, 환자는 많은 변화를 하게 된다. 환자의 내면을 파고 들어가는 것은 상담치료, 정신분석, 약물치료로는 가능하지 않다. 최면치료는 이러한 보호막을 전부 해제하면서 들어가기 때문에 김 박사에게 있어서는 가장 쉽다. 사람의 내면에 도달하기에 아주 효과적인 방법이다. 김 박사는 지금까지 효과적으로 최면치료를 하기 위해 25,000시간 동안 임상경험을 했다. 다양한 치료에 실패한 사람들이 김 박사 병원을 찾아오면 환자 개개인에게 맞게 디자인해서 치료해 왔다. 국내에 최면을 한다는 사람들이 많이 늘어났는데, 최면 하나만을 가지고 치료를 할 수는 없다고 김 박사는 강조한다.

보편적인 상담·분석과 같은 의학적인 틀이 있는 상태에서 최면을 접목시켜야 시너지 효과가 난다는 것. 그는 최면을 많이 활용하면서 정신건강의학 방식으로 치료를 하고 있다. 서투른 최면은 환자에게 큰 도움이 되지 않는다. 그 사람의 내면으로 들어가기 위해서는 노하우가 필요하다. 최면치료는 서로의 신뢰와 충분한 설명을 통해 환자가 오해하지 않고 편안하게 받아들일 수 있게 해야 한다. 치료는 기술이나 테크닉으로 되는 게 아니다. 최면치료에 필요한 것은 의사와 환자 간의 상호신뢰, 최면치료에 대한 오해나 두려움 없이 환자가 편안한 마음으로 최면에 들어가야 효과를 볼 수 있다. 또 환자가 원하는 다양한 주제에 대해 열린 마음으로 치료자가 대화할 수 있어야 한다. 그런 의미에서 치료자는 계속 업그레이드되어야 하고 어떤 환자든지 치료할 수 있는 큰 그릇이 되어야 한다고 김 박사는 지적한다.

우리 사회에서는 자살이 현안이라고 말하지만, 그보다 큰 문제가 생사관이나 가치관 부재라는 지적에 김 박사는 동의한다. 상담이나 약물치료 이전에 자살 선택이 왜 잘못이고, 그런 선택을 하면 어떤 결과가 나오는 지, 객관적인 근거로 차분히 교육을 할 수 있는 제도적 장치가 필요하다는 것이다. 죽음이 뭔 지, 죽은 다음에 어떤 일이 일어나는 지, 생명의 본질이 무엇인 지, 좀 더 차원 높은 생명 교육이 우선적으로 필요하다고 김 박사는 말한다. 그리고 정신건강과 의사는 그에게 있어서 하나의 측면이고 보다 깊은 근원적인 욕구가 있다. 정신과 의사라는 자리에서 다양한 학문을 융합하는 것, 예를 들어 최면치료와 과학적인 자료를 접목시키고 싶은 것이 그의 꿈이다. 인간의 생활에 영향을 주는 모든 영역을 통합해 큰 그림, 통합이론을 만들어 모두가 바르게 설 수 있는 근본원리를 만드는 것, 그런 것이 있어야만 인생관에 어떤 기준이 잡힐 것이라고 김 박사는 말한다.[26]

"자살하면 어떻게 되는가."

최면치료 중에 나타난 '빛'을 향해 "먼저 죽은 어린 딸을 만나기 위해서 자살해도 좋은가"라고 물어봤더니 이런 답변이 돌아왔다.

---

26) 유튜브 "김영우 박사 인터뷰 2부"

의사: 빛에게 물어봐 주세요. '딸을 빨리 만나고 싶은데 일찍 죽어도 괜찮나요?'

환자: ……'일이 다 끝난 후에'…… 일이 다 끝나기 전에는 죽어서는 안 된답니다.

의사: '딸을 일찍 만나려고 자살한다면 어떻게 되나요?' 빛에게 물어봐 주세요.

환자: ……내가 어두운 곳에 있습니다.…… 어두운 곳에서 위를 보고 있습니다.…… 위에는 높은 곳에 빛이 보입니다.……어두운 곳에 있으면서 위쪽의 높은 곳에 있는 빛을 쳐다보고 있습니다.

의사: '이 광경은 어떤 의미입니까?' 빛에게 물어봐 주세요.

환자: '자살하면 안 돼'…… '자살하면 딸을 만날 수 없어' 말하고 있습니다.

의사: '이대로 계속 노력하며 살아간다면 딸을 만날 수 있겠습니까?' 물어보세요.

환자: '물론이지' 라고.[27]

---

27) 이이다 후미히꼬, 『사는 보람의 창조』, 381-382쪽

불교의 천도재와 구명시식

매주 성당이나 교회, 사찰에 가는 사람이 꽤 많지만, 성경이나 불경에 나오는 죽음과 관련한 가르침을 일상생활에서 확신하고 있는 사람은 얼마나 될까? 예수님이나 부처님은 "죽음은 끝이 아니라 새로운 시작"이라고 가르치고 있지만, 자살이 현실 고통의 해결책이라고 착각하는 사람이 넘쳐나고, 우리 사회에 자살 예비군이 갈수록 늘어나는 현상은 어떻게 설명할 수 있을까? 그것은 예수님 말씀대로, 부처님 가르침대로 죽음이 끝이 아님을 분명히 알면서 삶을 영위하고 평소 죽음을 준비하다가 때가 되면 삶을 여유 있게 마무리하는 사람이 거의 없다는 뜻으로 해석할 수 있다.

티베트 20대 여성, "자살해도 고통은 계속된다"

티베트 사람들은 죽음과 자살을 어떻게 이해하고 있을까? 티베트 사람들의 죽음 이해는 우리와 어떻게 다른가? 티베트 사람들의 죽음 이해를 직접 알아보기 위해 촬영 팀과 함께 티베트 라싸를 찾아 갔다. 티베트인들에게 영혼이 모이는 곳으로 통하는 삼예산 삼예사에서 대학을 졸업하고 영어·일본어·중국어 가이드로 일하고 있는 20대 중반의 '니드롱'이라는 여성을 만났다.

티베트 20대 여성

"한국인은 죽으면 끝이라고 생각한다는 말을 듣고 나는 크게 놀랐다. 자살한다고 고통이 끝나는 게 아니다. 티베트에서는 자살하는 사람이 없다. 티베트인은 윤회를 믿기 때문에 자살해도 고통은 계속된다고 생각한다."

질문: 티베트 사람들은 죽을 때 '조장'을 원하는데 그 이유는 무엇인가?

답변: 조장을 할 경우 육체를 먹은 독수리가 내 육체와 함께 하늘로 날아가는 역할을 해준다고 믿기 때문에 많은 사람들이 조장을 원한다.

질문: 영혼을 믿지 않아 죽으면 다 끝난다고 생각하는 한국인에게 어떻게 설명해 줄 수 있는가?

답변: 자살하는 한국인들이 많다는 소식은 마음이 아프다. 한국인은 죽으면 끝이라고 생각한다는 말을 듣고 나는 크게 놀랐다.

질문: 티베트에서 자살한 사람을 보거나 들어본 적 있나?

답변: 들어본 적 없다.

질문: 자살 이야기를 들어본 적이 없다는 말을 우리는 이해하기 어려운데?

답변: 자살을 예방하는 다큐를 멀리 티베트까지 찾아와서 촬영하는 게 나도 놀랍다.

질문: 죽으면 고통이 끝난다고 생각하는가?

답변: 자살한다고 고통이 끝나는 게 아니다. 티베트 사람들은 윤회를 믿기

때문에 자살을 해도 그 고통은 계속된다고 생각한다.

질문: 그 고통이 어떻게 연속되는가?

답변: 티베트에서는 어릴 때부터 윤회 교육을 받는다. 좋은 일을 했든지
　　　나쁜 일을 했든지 항상 자기 자신에게 돌아온다. 자살을 한다고 모든
　　　것이 끝나는 것은 아니라고 모든 티베트인들은 생각한다.

천장터 순례 티베트 가족

　티베트 특유의 자연환경과 죽음 이해가 잘 드러나 있는 현상이 바로
천장天葬이다. 사람이 죽고 영혼이 시신에서 분리되면, 시신을 메고 독
수리들이 기다리고 있는 천장터로 간다. 천장사가 시신을 해체하면 독
수리들이 몰려들어 시신을 먹는다. 뼈가 남으면 빻아서 보릿가루에 묻
혀 독수리에게 준다. 살아 생전에 먹거리가 부족해서 야크라는 짐승의
고기를 먹었으므로, 죽으면 천장을 통해 시신을 짐승에게 보시하는 것
이다. 천장은 고산지대라는 티베트의 자연환경과 죽음 이해에 알맞은

티베트 라싸 포탈라궁

시신 처리 방식이다.

부모의 시신을 어떻게 독수리에게 줄 수 있을까. 우리 상식으로는 상상하기 어려운 일이다. 사람이 죽어 영혼이 시신에서 분리되면, 시신은 입다가 남겨진 옷에 불과하다고 달라이라마는 가르쳤다. 죽으면 시신으로부터 영혼이 떠나므로, 죽는다고 끝이 아니라는 것은, 티베트에서 누구나 알고 있는 상식으로 통한다. 그 곳에서는 놀랍게도, 포와 수행법을 통해 시신에서 영혼이 분리되었는 지 확인한다. 사람이 죽으면 시신은 남겨진 옷가지에 불과하므로, 티베트인 누구나 천장으로 자기 장례를 치르기를 바라고 있다.

죽음, 삶의 자연스러운 과정

티베트에서는 죽은 사람의 시신을 독수리에게 보시해 독수리와 함께 하늘로 올라간다고 해서 천장天葬이라 하고, 독수리가 시신을 먹는다고 해서 조장鳥葬이라 부르기도 한다. 어느 날 라싸 인근 삼예사 조장터를 둘러보다가, 중국 청해성에서 3일 동안 버스를 타고 그곳을 찾은 가족을 만났다. 그들은 천장터에 순서대로 잠깐씩 누웠다. 왜 천장터에 누워 보았느냐고 물었더니, 자기도 죽으면 그곳에 누워 조장을 지낼 것이라고 했다. 천장을 지내는 것은 우리의 명예라고 티베트인은 아무 거리낌 없이 답한다. 천장터 순례를 통해 죽음 준비와 함께, 삶을 제대로 영위하라는 가르침을 되새기는 삶의 준비를 티베트인은 배우고 있다. 티베트인들은 전혀 죽음을 두려워하지 않고 자연스럽게, 당연히 지나가야할 과정으로 받아들인다.

질문: 어디서 왔는가?

답변: 청해성 암도 지역에서 왔다.

질문: 가족 소개를 해 달라.

답변: 아내와 아들, 조카와 함께 천장터를 방문했다.

질문: 어떻게 왔는가?

답변: 삼예산 천장터를 순례하기 위해 4일 동안 버스를 타고 왔다.

질문: 이곳의 방문 목적은 무엇인가?

답변: 천장터를 순례하고 기도를 드리러 왔다.

질문: 천장터에 한 번씩 돌아가면서 눕는 이유가 무엇인가?

답변: 우리가 죽으면 천장터에서 시신을 장례지내는 것이 티베트인 모두의
소망이다. 나중에 죽어서 '신제'(gshinrje, 염라대왕) 앞에 섰을 때 쉽

티베트 삼예사, 인근의 천장터

티베트 천장 터. 천장터 순례를 위해 가족이 중국 청해성에서 4일 동안 버스를 타고 방문했다. 천장터 순례 가족 아버지 취쥔쟈 31세, 아내 츠끼 21세, 아들 럽씨쟈 7세, 조카 칩빠 21세. 티베트에서는 어린이까지 포함해 누구나 천장으로 장례 지내는 것을 영광으로 생각한다. 천장을 지내는 것은 우리의 명예라고 티베트인은 아무 거리낌 없이 답한다. 천장터 순례를 통해 죽음준비와 함께, 삶을 제대로 영위하라는 가르침을 마음 깊이 되새기는 삶의 준비를 티베트인은 배우고 있다. 어린이까지 천장터에 누워본다. 티베트인들은 죽음준비 교육을 천장터에서 실시하고 있는 것이다. 천장터에 있는 사진은 천장으로 시신을 처리했음을 뜻한다.

게 통과할 수 있도록 천장터를 방문해 죽음을 미리 연습한 것이다.
아이한테도 똑같이 죽음 연습을 시켰다. 죽음은 어른 뿐만 아니라
어린아이에게도 똑같이 찾아오는 게 아닌가.

질문: 죽는 것이 두렵지 않은가?

답변: 죽는 것은 두렵지 않다. 죽는다고 해서 다 끝나는 게 아니기 때문이다.

질문: 자살하고 싶었던 적이 있는가?

답변: 살기 힘들다고 해도, 자살을 생각본 적이 한 번도 없다.

죽음 이해의 차이, 삶의 차이로 이어진다

죽음 이해의 차이는 삶에 대한 이해와 삶의 방식에 크게 영향을 미친

다. 우리 사회에서는 살다가 어려움이 닥치면, 마치 해결책이라도 되는 듯이 자살 충동을 느끼는 경향이 있다. 그래서 자살률 1위가 된 게 아닌가. 경제적으로 잘 사는 한국에서 자살이 많이 발생한다는 사실에 티베트인들은 크게 놀란다. "조금 힘들다고 어떻게 자살할 수 있는가?" 죽는다고 해서 모든 게 끝나는 게 아니므로, 삶의 고통을 자살로 해결될 일이 아니라고 티베트인은 생각한다. 오히려 삶의 고통을 자신에게 주어진 기회 혹은 축복으로 간주한다. 삶의 고통을 수용해야만 미래에 보다 나은 삶을 만날 수 있으므로, 삶의 고통으로 인해 자살로 뛰어드는 일은 없다.

이처럼 고통 인식이 우리와는 크게 다르기 때문에 티베트인들에게서 스트레스, 우울증, 자살 사례를 들어본 적이 없다. 오히려 현실에 크게 절망하더라도 자신의 고통에 눈을 감기보다 상처를 감내한다. 부정적인 경험이 실제로 의미하는 바를 알고 축복으로 승화시킬 수 있기 때문이다. 우리 사회는 죽음 이해가 크게 부족하여 세속적인 가치에 함몰되는 일이 많다. 죽음을 제대로 알지 못한 채 오로지 세상일에만 탐닉하다가 임종 순간을 여유 있게 맞이하지 못하는 것은 어쩌면 사필귀정事必歸正이 아닐까 싶다.

구병시식 치유 과정, 영국 BBC 통해 전세계 방송

만일 자살해서 모든 문제가 해결된다면 좋겠지만, 스스로 귀한 목숨을 끊었기 때문에 현실에서 지금 받고 있는 고통보다 더 큰 고통을 죽어서도 받게 된다. 탤런트 김수미의 구병시식救病施食으로 유명한 묘심화 스님을 취재한 BBC 방송 'Kick Ass Miracles' 다큐팀 앤드류 페티 PD는 "막상 한국의 구병시식과 빙의 퇴마의식을 접하니 매우 흥미롭다. 평소 영혼의 존재를 믿고 빙의 현상에 대한 신빙성에 공감하는 입장이라 더 관심 있게 지켜봤다"라고 소감을 밝혔다. 방송 진행을 맡은 크리스 크루델리 씨도 "아시아 국가의 다양한 전통 의식을 지켜봤지만 가장 인상적이었다"며 놀라움을 감추지 못했다. 묘심화 스님의 구병시식을 취재한 다큐는 2006년 4월 전 세계 40여개 국에 방영되었다.[28]

자살 충동에 17년간 시달린 여인

어떤 여성이 빙의에 의해 무려 17년 동안이나 자살 충동을 느껴 자살도 시도했다. 구명시식 치료를 받기 위해 묘심화 스님을 찾아갔다. 스님이 왜 자살을 시도했는 지, 어떤 마음이었는 지, 누가 시켰는 지 물었다. 그녀는 악몽을 자주 꾸고, 불면증에 시달렸고, 음식도 거부하게 되고, 영혼이 보이고 해서 누군가가 죽으라고 시킨다는 생각이 들었다. 아빠 무덤 앞에서 술 먹고 자살을 시도한 적도 있다. 또 스님은 그녀에게 무슨 소리가 들리는 지, 무엇이 보이는 지 물었다.

> "소리는 들리지 않고 영혼이 보인다. 엄마가 창가에 있는 게 보인다. 동생은 꿈에 자주 좋지 않은 모습으로 나타난다. 연년생 남동생이 32살 때 교통사고로 죽었다. 꿈이 아니고, 누워 있으면 영혼이 자주 보인다. 죽고 싶은 생각도 있고, 살고 싶은 생각도 있다. 많이 외롭다, 울고 싶다. 아버지에 대한 기억 좋지 않다. 아버지는 야구 방망이로 엄마를 때렸고 나도 때렸다. 아빠가 지금까지 살아있으면 죽었을 지도 모른다. 아빠에 대한 미움을 지울 수 없다."

---

28) 스포츠조선 2005년 9월 13일

스님은 구병시식과 함께 아버지에 대한 미움도 다 내려놓으라고 말하면서, 여성에 대한 상담을 끝내고 먼저 죽은 아버지, 어머니, 남동생 위한 구병시식이 시작되었다. 의식이 진행되는 동안 눈물을 계속 흘리던 그녀가 갑자기 불안해하면서 자리에서 일어나 안절부절못한다. 자신에게 실린 영혼의 존재를 느낀 것일까? 스님이 여성에게 실려있는 영혼과 대화를 시도한다.

"이제 여성의 육신에서 떠나 다른 세계로 가야 하는데, 혹시 하고 싶은 말 있나요?"

티베트 육도 윤회도

교통사고로 죽은 남동생 영혼이 누나 입을 통해 말한다.

"저를 위해 의식을 집행해 주셔서 감사합니다. 제게 죄가 하나 있어요.
애인을 임신시켰고 낙태했어요. 생명을 죽였어요."
"그러면 아기도 함께 천도해줄 테니까, 아기한테 할 말 있나요?"
"태아에게 미안하다고 말하고 싶어요."
"이제 누나의 몸에서 떠날 거죠? 더 이상 누나의 몸에 있지 않을 거죠?
확실하게 약속하죠?"
"네, 이제 떠나겠습니다."

대화가 끝나고 다시 구병시식 의식이 계속되는 동안 그녀는 먼저 죽
은 가족의 아픔을 느끼고 이젠 죽은 가족과 헤어져야할 시간임을 느껴
서 계속 통곡했다.

"미안해요, 엄마. 너무 미안해, 엄마. 내가 이렇게 살아서 미안해요, 잘해
주지도 못하고, 마음 고생만 시켰어요. 미안하다, 동생아. 누나가 고생만
시켰다. 누나가 너 대신 잘 살 테니까, 좋은 곳으로 가라. 아빠, 사랑받고
싶었는데, 매일 때리고, 그래도 보고싶다. 미안하고, 보고 싶고, 밉고. 좋은
곳에 가세요, 아빠."

구병시식의 모든 절차가 끝나고 마지막으로 팥을 던지는 스님, 붉은
색 팥은 귀신을 좇는 역할을 한다. 17년간 자살을 꿈꾸었던 여성, 구병
시식 의식이 마무리되자 몸이 한결 가벼워졌다고 말한다. 주위 사람들
이 보기에도 그녀 안색이 좋아졌고, 눈빛도 맑아졌다. 여성도 자살 충동
이 사라졌고 일단 집에 가서 자고 싶다고 말한다. 평상시에는 자고 싶은
적이 없었다. 스님이 이젠 잠이 올 거라고 말한다. 며칠 뒤 다시 만났더
니, 17년 만에 처음으로 웃을 수 있었다고 말한다. "어둡고 불안했던

마음으로 가득했지만, 도와주는 사람이 많이 생겨 마음이 놓인다. 17년 만에 맛있게 식사했다. 자신에 대한 믿음도 생겼다."[29]

탤런트 김수미, 빙의에 3년간 시달렸다

그녀의 시어머니는 급발진 사고로 인해 1999년 그녀의 차에 치여 숨졌다. 그녀가 각본을 쓴 모노드라마가 사흘 지나면 예술의 전당에서 공연될 예정이어서 시어머니는 포스터를 몇 장 들고 김수미씨 자동차를 타고 외출했다. 시어머니가 나간 후 10분 뒤 전화벨 소리가 울렸다. 자동차 급발진에 의해 시어머니는 그 자리에서 즉사했다는 기사 아저씨의 전화였다. 시어머니의 갑작스러운 죽음 이후 그녀의 고통은 시작되었다. 탤런트 김혜자의 증언.

> "수미가 많이 아팠다. 수미가 저러다가 폐인이 되는 건 아닐까 할 정도로 정신적으로 병들어 있었다. 머리를 감지 않아 '전원일기' 녹화 날 가발을 씌워주는 언니가 숨을 안쉬고 일 할 정도로 머리에서 냄새가 났다. 수미는 매번 똑같은 코트에 비듬이 잔뜩 떨어진 채 나타나곤 했다. 사람들은 수미를 두고 미쳤다고 수군거리기 시작했다."[30]

시어머니 급사 이후 김수미는 우울증이 심했고 자살도 여러 차례 시도했다. 한 끼 식사에 만두 다섯 개씩 하루에 두 번만 먹었다. 한 달째 속옷을 갈아입지 않았다. 남편은 그녀를 병원에 입원시켰지만, 갱년기 우울증일 뿐 심각할 게 없다고 해서 퇴원했지만, 증상은 나아지지 않았

---

29) SBS 미스터리 특공대, 2008년 7월7일
30) 김수미, 『그 해 봄, 나는 중이 되고 싶었다』, 중앙M&B, 2003년, 4쪽

다. 미국에서 유명한 핵의학 박사, 사촌오빠에게 자료를 보냈더니, 포제션(possession) 판정을 내렸다.

포제션은 영혼의 영향으로 전혀 다른 사람처럼 행동하게 하는 질병으로, 아직까지 과학적인 치료법이 발견되지 않았다. 그래서 빙의 치료를 받기 위해 묘심화 스님을 찾아갔다. 스님은 보자마자 "눈에 빙의가 빠지지 않았다."고 말했다. 사진 속 시어머니가 왜 자신을 노려보느냐고 김수미씨가 물었다.

> "자동차 급발진 사고로 인해 억울하게 죽은 시어머니 영혼이 이 세상으로부터 떠나지 못하고 떠돌다가 사랑하는 며느리에게 빙의되어 있기 때문이다. 구병시식 의식으로 시어머니 영혼을 위로해 드리면, 시어머니 사진이 더 이상 노려보지 않을 것이다."[31]

스님이 시어머니 영혼을 불러내는 퇴마의식을 거행한 이후 사진 속 시어머니는 웃고 있었다. 빙의는 일반인의 눈에 보이지 않고 현대 의학으로 치료가 불가능하다. 그러나 시어머니가 급사한 이후, 1) 그녀가 평소와는 다르게 비정상적으로 행동했고, 2) 스님에 의해 치료된 다음, 그녀는 예전의 모습을 회복했다. 그리고 3) 빙의 이전, 빙의되었을 때 그녀가 당한 고통, 빙의 치료 이후 정상적으로 회복된 사실, 3가지 변화를 주위 사람들이 모두 목격했다.[32]

---

31) 김수미, 같은 책, 57-65쪽
32) 유튜브 "어느 새 정신이상자가 되어있었던 김수미 인생의 최악의 3년."
몇 년 전부터 우울증을 앓아온 여성 사례, 증상이 심할 때면 자살 충동으로 인해 그녀 자신은 물론이고 가족까지 불안에 떨게 했다. 전생을 리딩 했더니, 전생의 카르마가 원인이 아니고 어떤 영혼의 침입으로 일어난 빙의 현상으로 밝혀졌다. 그 영혼은 자살한 사람의 영혼으로, 그녀에게 자살을

죽음 체험 프로그램 운영한다면

구병시식을 40여 년 동안 진행했던 차길진(1947년~2019년) 법사는 우리 사회에 자살률이 급증하고 있으므로, 자살예방 위해 '죽음 체험 프로그램'을 운영하고 싶다고 말한다.[33] 자살자 영혼들이 죽음 이후 어떤 고통을 받고 있는 지 다양한 동영상, 유튜브, 시청각 자료 통해 직접 체험해 보면 자살률이 뚝 떨어지리라고 그는 장담한다. 자살하면 고통에서 벗어나는 게 아니므로, 죽음을 알면 자살할 수 없음을 가르쳐야 한다는 것이다. 차길진 법사에 따르면, 영과 육이 분리되는 순간은 흔히 생과 사의 갈림길이다. 육신은 흙으로 돌아가고 영은 영혼의 세계로 가는 분기점이다. 인간은 누구나 그 길을 거쳐 새로운 세계에서 또 다른 삶을 누리게 된다. 영육이 합일된 인간으로 태어나는 일이 제 마음대로 되는 것이 아니듯이, 유명을 달리해 영혼의 세계에서 또 다른 삶을 누리는 것 역시 자기 의사와는 전혀 상관없이 이루어지는 것이다. 따라서 자살

유발하고 있었다. 에드가 케이시의 리딩에서도 정신병의 원인은 죽은 사람의 영혼이 빙의되었기 때문으로 밝혀진 사례가 적지 않았다. 빙의에 의한 정신병은 빙의된 영혼을 제거해주면 그 증상은 사라진다. (박진여, 『또 다른 이가 나를 낳으리』, 클리어마인드, 2007년, 149-150쪽)

33) 1950년대 말, 차 법사는 15살 때 참석한 시위현장에서 잊지 못할 현상을 목격했다. 시위대의 박수를 받으며 소방차 위에서 "타도! 이승만 정권!"을 외치던 학교 선배가 갑자기 중심을 잃고 휘청이더니 바로 옆을 지나던 고압선에 감전되어 떨어져 죽었다. '악' 하는 비명소리도 잠깐, 차 법사는 죽은 선배의 몸에서 그의 영혼이 빠져나오는 것을 목격해 너무 놀라 뒷걸음질치고 말았다. 영화 「사랑과 영혼」에서 남자 주인공이 죽는 순간 육체로부터 영혼이 빠져나왔듯이, 그 선배 역시 그런 모습이었다. 다른 사람의 눈에 선배의 영혼이 보일 리 없었지만, 차 법사만은 그 영혼을 목격할 수 있었다.

하면 다 끝나는 게 아니라 다른 세상에서 계속 고통을 당하게 된다.[34]

고산 스님이 경험한 사례

40여 년 전 고산스님이 조계사 주지일 때 잘 아는 50대 신자가 전화해 원했다. "제 딸이 죽어가고 있어요. 제발 빨리 와주세요." 집에 갔더니 딸은 쓰러져 있고 부인은 안절부절, 남자 영혼이 쓰러져있는 딸의 배 위에 걸터앉아 두 손으로 목을 조르고 있었다. 스님이 방에 들어가 크게 헛기침하자, 남자는 배 위에서 슬쩍 내려앉았다. 스님이 딸 앞에 앉아 진언을 외웠더니 30분 지나자 남자의 모습이 보이지 않았다. '원결怨結'이 있음을 스님은 직감했다. 부인과 딸에게도 원한 맺은 일이 있는가, 물었더니 부인과 딸은 똑같이 없다고 답했다. 나중에 부인의 친구에게 들었다.

> "친구는 다른 사람에게 잘해 원한 산 일이 없다. 다만, 착하고 순한 남편에게만 욕을 했다. 마음 상한 일 있으면 집에서 남편에게 욕을 퍼부었다. 친구는 사업과 부동산으로 돈을 많이 모았지만, 착하지만 무능한 남편은 부인에게 얹혀 사니까, 부인은 남편을 무시했고 욕설, 구박에 더해 집 밖으로 내쫓기도 했다."

착한 남편도 시간 지나면서 복수심을 품게 되었다. 딸들을 결혼시키고 남편은 자살했다. 부인이 남편의 49재 지냈지만, 남편은 천도가 될 수 없었다. 49재가 끝나자 남편 영혼의 복수는 시작되었다. 딸을 애지중지했던 부인 가슴에 못을 박기 위해 큰 딸을 죽이고자 했다. 아버지 영혼이 큰 딸에게 달라붙자 딸은 음식도 먹지 못하고, 잠도 못자고 갈수

---

34) 차길진, 『영혼의 X파일 1』, 후암, 2007년, 105쪽

록 야위어갔다. 누군가 목 조이는 듯해 숨도 제대로 쉴 수 없었다. 독하게 퍼붓는 남자의 서슬에 스님은 식은 땀을 흘렸다. 또 미국에서 살던 둘째 딸도 똑같은 방식으로 죽었다. 두 딸을 모두 잃은 부인은 쌍계사로 스님을 찾아갔다.

> "쌍계사 선방에서 수행하러 왔습니다."
> "남편 원한을 풀어주지 않아 딸들을 죽여놓고 잘못을 참회하지 않으면서 무슨 참선을 하나요? 법당에 남편 위패 모셔놓고 천 일간 참회하고 지장 기도하세요."[35]

살아있을 때는 마음에 응어리 맺히더라도, 체면도 있고 도리도 있으니까 억제하지만, 죽으면 응어리만 남는다. 영혼이 육체를 떠나는 순간부터 체면도 인정도 사라지고 원한만 남게 된다. 원한이 해결될 때까지 영혼은 떠날 수 없다. 갈 길 잃은 영혼은 주위 사람 해치게 된다.[36]

선운사 지장 보살상

---

35) 우룡스님, 『영가천도』 효림, 1999년, 26-32쪽
36) 유튜브 "정호근의 신당에서 겪었던 기묘한 이야기" 부부가 있었는데, 아내는 사업에 크게 성공했다. 아내가 남편을 자녀 앞에서 무능하다고 무시하니까, 두 딸도 아빠를 무시했다. 아내에게 무시당하니까, 남편은 결국 한을 품고 자살했다. 남편의 영혼은 목을 매달아 자살해서 얼굴이 싸까맣다. 무속인이 보니까, 아주머니 주위에 눈이 시뻘겋고 얼굴이 새까만 영혼이 보였다. 원한 품고 자살한 남편 영혼은 큰 딸을 자살하게 했고 둘째 딸도 자살하게 했다.

진관사 대웅전

일미—味 스님이 경험한 사례

청년이 실성해 밤낮으로 산과 들 누비고 다녔다. 자살한 누나의 영혼
이 붙어 저렇다는 것이다. 누나와 남동생은 어려서부터 붙어살았다. 남
매는 칼로 갈라 놓으려 해도 거부했다. 남매가 자라 결혼할 나이가 되어
혼사를 서두르자, 누나는 남동생 이외에 다른 남자와 살지 않겠다면서,
자살한 누나 영혼은 동생에게 들러붙어 매일 밤마다 키스하고 육체관
계를 요구했다. 밤낮으로 동생을 끌고 다녔다. 남동생은 정신이 돌아올
때마다 헛소리처럼 말했다.

> "싫어, 싫어. 누나가 자꾸 뽀뽀하자고 해. 어떻게 누나하고 뽀뽀를 해.
> 나는 뽀뽀하기 싫어. 누나가 나하고 같이 자자고 해. 동생이 어떻게 누나와
> 같이 잠을 자. 싫어, 나는 싫어."

이런 사실을 알게 된 일미스님은 천도재 지내주었다. 7일 기도 끝에 마지막 천도재를 지내는데 제사상에 놓인 그릇이 제멋대로 춤추는 것이었다. 누나 영혼이 '못 간다'는 반항의 표시였다. 재 지내는 동안 신장이 영혼을 법당 밖으로 끌어내려고 했더니, 영혼은 법당에서 나오지 않으려 악을 쓰면서 버티다가 결국 신장에게 끌려 법당 밖으로 나가게 되었다.[37)]

"자살하면 끝인 줄 알았는데……"

차 법사의 구병시식에 나타난 자살자 영혼들이 공통적으로 하는 말이다. 수많은 자살자 영혼들은 자살을 후회한다고 말한다. 그들은 현재 살아 있을 때보다 더 큰 고통을 당하고 있으며, 끔찍한 모습으로 구병시식 현장에서 눈물을 흘렸다. 현실의 괴로움에서 벗어나기 위해 '다 잊고 잠이나 자자'는 심정으로 자살을 선택했지만, 죽은 뒤 더 큰 고통을 받게 될 줄은 꿈에도 생각하지 못했을 것이다. 게다가 구병시식에 나타난 자살자 영혼들은 천도하기도 힘들다. 자살자가 갖고 있는 원한도 크지만, 무엇보다 영계에서 자살자에게 내린 벌이 엄중해 아무리 구병시식이라 해도, 그 죄를 덜어줄 수 없기 때문이다.[38)]

얼마 전 한 남자가 구병시식 후 자살하고 싶다며 차 법사를 찾아왔다. 그는 아내가 죽은 뒤 심각한 우울증에 시달리고 있었다. "이 세상에 저를 사랑하고 이해해 줬던 유일한 사람입니다. 아내가 없는 세상에선 살아갈 이유가 없습니다." 그는 중증 우울증 환자였다. 이렇게 살 바엔

---

37) 우룡스님, 같은 책, 22-25쪽
38) 일간스포츠 2010년 7월 15일

차라리 구병시식으로 아내를 만난 뒤 깔끔하게 이 세상을 떠나겠다고 굳게 결심했다. 주변에서는 구병시식을 말렸다. 정말 그가 구병시식 마치고 자살하면 어쩌냐는 것이었다. 하지만 차 법사는 장담했다. "그는 결코 자살하지 않을 겁니다." 결국 모든 이들의 걱정 속에 구병시식이 시작됐다.

> "당신, 왜 자살하는 약을 갖고 있어요? 내가 당신을 얼마나 사랑하는데, 나도 당신과 같이 있고 싶지만 이 방법은 아니에요!"

아내 영혼은 나타나자마자 남편을 달랬다. 남편도 아내 영혼의 사랑을 느꼈는 지 참았던 눈물을 봇물처럼 터뜨렸다.

> "여보, 미안해. 하지만 당신 없이 한 순간도 못 살 것 같았어. 내가 잘못했어."

구병시식 통해 그는 아내의 사랑을 확인하고 우울증에서 벗어났다. 물론 자살도 하지 않았다. 그는 아내의 당부대로 아이들을 위해 좋은 아빠로 돌아가 열심히 살고 있다고 한다.[39]

아버지의 자살 이후 자살은 계속 이어졌다

어느 날 친구로부터 차 법사에게 전화가 왔다. 친구는 심한 우울증을 앓고 있었다. 그의 아버지는 불치의 병에 걸려 치료가 잘 되지않자 죽음을 택했다. 그의 큰아버지 또한 자살했다. 큰아버지의 자식들인 사촌 남동생이 독약을 먹고 자살했으며, 사촌 여동생은 목 매달아 죽었다.

---

39) 일간스포츠 2010년 3월 9일

친구에게 문득문득 엄습하는 우울증은 자살만이 살 길인 것처럼 느껴진다고 했다. 친구를 위해 구병시식을 해본 결과, 일본의 게이샤의 원혼이 집안을 떠나지 않고 맴돌고 있기 때문이었다. 게이샤의 영혼에 한을 안겨준 것은 친구의 아버지였다. 그의

에드바르드 뭉크, '병실에서의 죽음'(1895년)

아버지는 군수로 재직하던 당시 일본을 여행할 기회가 있었다. 그 때 그는 시모노세키의 유곽遊廓에서 잠을 자게 됐다. 그는 여기서 일본인 게이샤를 만나 하룻밤을 지내게 됐는데, 그녀에게 몸값을 속량해 주기로 약속했다. 하지만 그는 약속을 지키지 않고 우리나라로 건너왔다. 한 마디라도 일단 약속하면 반드시 그것을 지키는 것이 일본인이다. 평생 자신을 유곽에서 구해 줄 남자를 기다리던 게이샤의 배신감과 비참함은 도저히 상상하지 못할 정도였다.

한국인 남자에 대한 한은 결국 그녀를 자살하게끔 만들었다. 이후 충주 친구의 집안을 맴돌면서…… '스스로 자살하게끔 만드는 보이지 않는 힘'은 바로 한 많은 일본인 여성의 원혼이 있었기 때문이었다. 구병시식을 하는 동안 게이샤 여성은 쌓인 한을 주체하지 못했다. 그녀의 영혼을 담는 그릇으로 일본 인형과 꽃을 사서 예를 지내고는 그 꽃과 인형을 강물에 띄워 보냈다. 남자의 한 마디 말에 자신의 운명을 걸고 있었던 일본 게이샤 여성과의 약속을 지키지 못한 것이 결국 그 집안사람 4명의 목숨을 빼앗아가게 만들고 만 것이다. 그리고 살아 있는 자들

도 '살고 있지만 살아 있는 게 아닌' 상태로 만들었다.[40]

소녀의 자살 이후 급사가 이어졌다

어떤 여성이 딸을 위한 구병시식을 해주고 싶다고 차길진 법사를 찾아왔다. 부인의 딸은 중학교 3학년이었는데, 얼마 전에 아파트에서 뛰어내려 목숨을 끊었다. 짧은 생을 스스로 마감하고 이제는 다른 세계에서 한이 맺혀 있을 소녀를 위해 구병시식을 행했다. 소녀는 생전에 차 법사와 안면이 있던 아이였고, 소녀의 영혼도 차 법사를 금세 알아봤다. 소녀가 죽은 지 얼마쯤 지나서부터 함께 어울려 다니던 사내아이들에게 심상치 않은 일이 벌어지기 시작했다. 소녀의 친구 오빠가 남한산성에 놀러 갔다가 실족해서 목숨을 잃는 사고가 생겼다. 얼마 뒤에는 소녀를 데리고 다니며 함께 어울렸던 삼촌이 필리핀에 갔다가 갑자기 심장마비로 세상을 떠났다. 배를 타고 제주도에 가던 또 다른 아이가 느닷없

---

40) 차길진, 『영혼은 비자가 없다』, 후암, 2007년, 102쪽)
유튜브 "정호근의 신당에서 겪었던 기묘한 이야기" 남자 한 명이 무속인 정호근의 신당에 들어왔는데, 원한 맺힌 남자 영혼이 함께 들어왔다. 남자에게 원한 맺힌 영혼으로, 그 남자에게 인상을 많이 쓰고 있었다. 여자 영혼도 쫓아왔다. 남자 이야기 들어보니, 형제가 여자 하나 놓고 싸움이 붙었다. 형의 여자를 동생이 가로채서 형이 자살했고 여자도 자살했다. 형과 형의 여자 영혼이 그에게 원한이 있어서 그를 계속 쫓아 다닌 것이다. 두 영혼이 품은 원한을 풀어줘야 한다고 무속인은 말한다. 또 다른 사례, 어떤 남자가 사업에 성공했는데, 허리가 아파 병원에 가서 치료해도 차도가 없었다. 남자가 여자와 사귀다가 둘 사이 문제로 인해 여자가 자살했다. 죽은 여자의 영혼이 남자 허리를 꽉 감싸고 있어서 남자 허리가 아픈 것이다. 여자 영혼은 죽었지만, 남자가 살아서 허리를 쓰고 다니지 못하게 막고 있는 것이다.

이 쇼크사한 일도 있었다.

사내애들과 어울리기 좋아하던 소녀가 친구네 집에서 삼촌들과 놀다가 성폭행을 당한 것이다. 그 뒤 임신한 사실을 알고 절망감에 몸부림치다가 스스로 목숨을 끊었다. 어린 소녀의 영혼은 분노 그 자체였다. 생전에 그녀와 어울려 다니던 사내애들의 잇단 죽음도 한 맺힌 어린 소녀의 영혼이 저지른 복수였다. "법사님, 복수를 했으니 이제 제자리로 돌아가고 싶습니다." 어린 소녀의 영혼은 지쳐있었다. 한 때의 불장난이 비극적인 사건이 되어 유명을 달리한 네 명의 영혼들은 영계에서도 정처 없이 떠돌고 있었다. 차 법사는 복수의 일념으로 구천을 떠돌던 어린 소녀의 영혼을 위로하고 안식을 취하도록 했다.[41]

불교에서는 자살도 타살로 분류된다. 누군가 자살자를 꾀여 죽게 만들었다는 것이다. 자살은 자신을 살인하는 범죄다. 자살이야말로 가장 고통스러운 고뇌의 길로 가는 직행 코스인 것이다. "자살하면 끝인 줄 알았다. 그러나 끝이 아니더라." 구병시식에 나타난 자살자 영혼들이 공통적으로 하는 말이다. 따라서 현대 정신건강의학의 최면치료, 불교의 구병시식 통해 제시했듯이, 자살 이후 큰 고통을 겪는 것을 증언하고 있다. 어떤 경우에서든 자살은 안 된다. 수많은 자살자 영혼들은 자살을 후회한다고 말한다. 지금까지 살펴보았듯이, 자살자는 현재 살아 있을 때보다 더 큰 고통을 당하고 있으며, 끔찍한 모습으로 구병시식, 최면치료 현장에서 눈물을 흘렸다. 현실의 괴로움에서 벗어나기 위해 '다 잊고 잠이나 자자'는 심정으로 자살을 선택했지만, 죽은 뒤 더 큰 고통을 받게 될 줄은 꿈에도 생각하지 못했을 것이다.

---

41) 차길진, 『영혼의 X파일 1』, 105~107쪽

우리 사회와 역사를 함께 하는 민간신앙

무속은 우리 민족과 역사를 함께하는 우리의 민간신앙으로, 주위에서 어렵지 않게 무속인을 찾아볼 수 있다. 우리 민족 고유의 민간신앙은 무속이다. 무속에 관한 논란이 자못 많지만, 무속적 세계관이 한국인을 지배하는 가장 강력한 토양임을 부인하는 사람들은 거의 없다. 중국에서 불교와 유교가 수입되면서 무속신앙은 변방으로 밀려났고, 해방 이후 기독교의 유입으로 한 번 더 외곽으로 쫓겨났다. 중국은 도교, 일본은 신도의 틀에서 고유의 민간신앙을 계승하고 있지만, 우리 사회에서 무속은 핍박과 무시, 조롱과 경멸의 대상이었다. 하지만 우리 사회에서 죽음을 잘 이해하는 집단은 종교인도 아니고 바로 무속인이다.

무속에서는 삶의 공간과 함께 죽음의 공간을 말하고 있다. 무속인들은 죽은 영혼과 소통하고 삶의 세계와 죽음의 세계를 연결해주는 역할을 한다. 무속이 한민족의 역사와 함께 이어져 내려온 것은 그만큼 우리 민족과 뿌리가 같기 때문이 아닐까. 또 우리 사회에서 독자적인 역할이 있기 때문에 지금까지도 우리 사회에는 많은 무속인들이 활동하고 있

샤머니즘 박물관

샤머니즘 전문 사립박물관으로 2013년 5월 2일 민속학자 양종승이 평생 수집한 샤먼유물 약 2만 여점으로 정릉에 문을 열었다. 만 3년이 지난 2016년 5월 25일 은평 뉴타운 내 금성당으로 옮겨 새로운 도약기를 맞이하게 되었다. 박물관 소장품에는 무신도류, 신복류, 문서류, 부적류, 점구류, 제기류, 명두류, 악기류, 촛대향로류, 부채류, 방울류, 창검류, 명다래류, 설경류, 지화류 등 우리나라 무속현장에서 쓰인 신물神物 그리고 다수의 히말라야, 몽골, 중국 샤먼유물들이 있다. 그 외에 샤머니즘 및 민속신앙 관련 장서를 비롯한 무속현장에서 채집된 영상자료, 음향자료, 사진자료, 공연과 행사 자료 등이 소장되어 있다.

는 것이다.

가수 송가인의 어머니, 씻김굿 전수교육조교

미스 트롯 송가인의 어머니로 유명하지만, 송순단은 2001년에 진도 씻김굿 전수교육조교(인간문화재의 전 단계)가 되었다. 그가 신병을 앓기 시작한 것은 28세 때, 진도군 지산면 농부의 아내로, 아들 형제에 이어서 딸 은심(송가인의 본명)을 낳아 기르던 중이었다. 3년을 버티다

31살 신내림을 받고 무속인의 길을 걸었다. 남편이 많이 반대했다. 살림하던 여자가 굿하러 다니고 밤 새고 들어오니 오해도 받고…… 하지만 안 하면 몸이 아프니까, 결국 굿으로 아이들 대학 뒷바라지까지 했다. 송가인은 어렸을 때부터 어머니 소리에 익숙해 국악을 전공하고 트로트 가수가 되었다.

> "굿은 미신이 아니다. 오래 전부터 계승되어 내려왔다. 굿을 통해 돌아가신 조상께 제사 드리는 것이다. 무속은 오래 전부터 내려오는 우리 전통이다. 무속을 현장에서 접할 때 감동이 훨씬 크니까 행사에 직접 참여해 전통문화를 즐길 수 있기를 바란다."42)

일부 지식인들 중에서 무속을 무시하는 발언을 하는 이들이 있는데, 그런 발언은 우리 민족의 일원으로서 본인의 뿌리를 부정하는 것이나 다름없다. "고등종교와 하등종교의 구분은 의미 없다"는 원로 종교학자 정진홍 교수의 발언은 시사하는 바가 있다.

무속, 많은 예술가의 상상력 자극

무속은 지금도 우리 곁에 있다. 요즘 화제인 드라마 '악귀'에선 초자연적 판타지이면서 현실풍자 도구로, 최근 시즌3을 시작한 토크쇼 '심야괴담회'에선 이야깃거리로 등장한다. 스페이스K 서울에서 열렸던 한국계 캐나다 미술가 제이디 차의 개인전에서도 무속은 옛 한국 신화를 전달해주는 매개체다. 무속에서 영감을 받은 미술가들은 예전부터 많다. 직접 굿 퍼포먼스를 진행한 비디오아트 거장 백남준, 무속 그림으로

---

42) 중앙일보 2020년 5월 31일

파리 '85 살롱' 공식 포스터 이미지로 채택된 화가 박생광의 '무당'(1982)

민중의 정신세계를 표현한 박생광 등이 대표적이다.[43]

　무속은 예술과 학문의 중요한 원천이지만, 무속에 대한 이중성이 실생활에서 발견된다. 무속 느낌이 풍기는 미술작품을 거리에 설치하면 어김없이 민원이 들어온다. 무속 사기 범죄가 종종 발생해 언론에 보도되기도 한다. 하지만 사람들은 무속인 유튜브를 시청하고, 일이 잘 안풀리면 점집에 가는 사람도 많다. 무속에 대한 이중성은 특히 정치판에서 두드러진다. 상대 진영에 무속을 믿는다는 의혹을 제기하지만, 그렇게 공격하는 진영도 무속 의혹에서 자유롭지 않은 게 밝혀지기도 한다.

43) 중앙일보 2023년 7월21일

삶과 죽음, 씻김굿에서 조화롭게 구획된다

그러나 저자가 무속에 관심 갖는 이유는, 무속을 매개로 삶의 세계가 죽음의 세계와 연결되고, 죽은 사람의 한을 풀어주어 저 세상으로 편안히 떠나 보낼 수 있기 때문이다. 소설가 김훈도, 진도 씻김굿으로 죽은 사람의 한이 풀어지고 진도 만가輓歌 자락에 실려서 저승으로 떠나보내는 무속에 주목한다.

> "죽음은 단절이라기보다는 산 자와 죽은 자 사이의 온당한 자리매김인 것으로 보인다.……산 자가 죽은 자의 원한과 슬픔과 죄업을 씻어줌으로써 죽은 자를 죽음의 자리로 돌아가게 하고, 죽은 자에게 죽은 자로서의 위엄과 신성과 평정을 회복하게 한다. …… 씻김굿은 산 자의 품 안에서, 산 자의 춤과 노래와 음식으로 죽은 자를 씻기고, 씻겨서 보낸다. 그래서 삶의 자리와 죽음의 자리는 조화롭게 구획되고, 죽은 자는 산 자에 대해서 영적인 지도력을 행사할 만한 권위에 도달한다. 이 구획은 단절이 아니다. …… 아직 한 동안 더 이승에 머물러야 할 사람들이 떠나야할 사람들을 떠나보낸다. …… 진도 씻김굿 판에서, 아직 살아있는 자들의 품은 따뜻했고 그들의 마당은 넉넉해 보였다. 산 자들은 죽은 자를 어린 아기 씻기듯이 씻긴다. 다만, 한 많은 넋을 씻기는 일에는 어려운 문화적, 주술적 절차가 필요하다. 이런 절차가 당사자들에게는 삶이고 굿이며, 구경꾼들에게는 문화며 예술이며 민속이다."[44]

무속 전문가 주강현은 무속에 대해 다음같이 말한다.

> "인간의 영혼은 사후 저승에 건너가서 영생을 하거나 다시금 현세로 환생한다고 믿는다. 무속적 세계관은 일찍이 불교적 세계관과 융합되어 양자

---

44) 허용무 사진, 김훈 글, 『원형의 섬, 진도』, 이레, 2001년, 47쪽)

1996년 진도 씻김굿 유럽 순회공연 포스타에 실린 국가무형문화재 72호 진도 씻김굿 예능 보유자, 박병천(1933년 – 2007년, 오른쪽 사진). 1999년 독일에서 열린 국보전 개막행사 포스터에서 박병천이 북춤 추고 있다(왼쪽 사진). 수많은 해외 공연 통해 진도 씻김굿은 외국 전문가들로부터 호평을 받았다. 벨기에 시몽 피에르 노통 남작 "한국에 대해서는 반도체와 자동차 등 경제적인 측면에서만 알고 있었는데, 씻김굿 공연 통해 한국의 깊은 정신세계도 알게 되었다. 좀 더 깊게 한국문화에 관심을 갖게 되었다."[46]

의 경계가 애매하다. 무속에서 영혼은 죽은 사람의 영혼인 사령死靈, 살아 있는 사람의 몸 안에 깃든 생령生靈으로 구분된다. 전자는 망자의 넋이 저승으로 가는 것을 뜻하고, 후자는 영혼이 살아 있는 사람의 몸에 깃들어 이승에서 살고 있음을 뜻한다."[45]

무속은 우리 민족과 역사를 함께 한 토속신앙이다. 무속 통해 살아있는 사람은 춤, 노래, 음식으로 죽은 사람의 한을 씻어 보내 삶의 자리와

---

45) 국사편찬위원회 편, 『상장례, 삶과 죽음의 방정식』, 두산동아, 2005년, 17쪽
46) 이치현 지음, 김태형 기획, 『무송(舞松) 박병천』, 문보재, 2021년, 161-165쪽

죽음의 자리는 조화롭게 구획된다. 한 많은 넋을 씻기는 일은 당사자에게는 굿이고, 구경꾼에게는 문화 예술이다.

서울 한복판에서 '진도 씻김굿' 풀어냈다

> "가자서라 가자서라 극락세상 가자서라
> 이 세상 인연 다 버리고 좋은 세상 가자서라…."

고故 박기옥 '쉼' 박물관 관장이 2023년 7월18일 세상을 떠났다. 서울 종로구 홍지동 쉼 박물관에서 7월22일 발인하는 날 국가무형문화재 진도 씻김굿 예능 보유자·이수자 11명이 '진도 씻김굿'을 약식으로 풀어냈다. 진도 씻김굿은 망자를 불러 맺힌 한을 풀어주고 자유롭게 이승을 떠나도록 돕는 의식이다. '씻김'이란 말처럼 남은 이들의 슬픔을 씻어주며 죽은 사람의 한을 풀어줌으로써 편안하게 떠나보내는 과정이다.

2005년 남편을 먼저 보낸 후 죽음도 삶의 과정에서 하나의 '쉼'에 불과하다는 사실을 알게 된 고인은 2007년 살던 집을 '쉼' 박물관으로 개조해 지하 1층, 지상 3층에 걸쳐 전통 상여를 비롯한 여러 나라의 장례 유물들을 상설 전시하고 관련 기획전을 열었다. 그는 평소 "우리 대통령 장례식은 서양처럼 검은 리무진으로 운구하지 말고 전통 상여 의식으로 해서 세계에 우리 문화를 알려야 한다"고 주장했을 만큼 장례의 전통계승에 큰 관심을 쏟았다. 김대중, 노무현 전 대통령 영결식 때 각각 고향인 경남 김해 봉하마을과 전남 신안 하의도에서 진도 씻김굿이 펼쳐진 바 있다.[47]

---

47) 중앙일보 2023년 7월24일

자살한 어머니, 죽어도 아들을 떠나지 못했다

박민환 씨(가명)의 어머니는 60여 년 전, 그가 3살 때 자살했다. 어머니의 자살로 아버지는 사업에 실패했고, 어머니의 친정과 시댁도 모두 몰락했다. 친척들이 모두 다 아픔을 지니고 살았다. 죽음 이후에도 어머니는 아들 곁을 떠나지 못했다. 다른 아이들이 뛰어놀 때 그는 항상 비켜서 있기만 했고, 왜 그런지 몰랐지만 비만 오면 슬펐다. 어머니의 자살 소식을 들은 것은 고등학교 1학년 때였다. 호적등본을 우연히 보니, 어머니 이름에 빨간 줄이 그어져 있었다. 아버지의 외도로 어머니가 홧김에 약을 먹었던 것이다. 고모에게 어머니의 이야기를 전해 듣고 억장이 무너지고, 인생이 뒤집혔다. 그는 가출을 결심해 학교를 자퇴했고, 소년원에 수감되기도 했다. 18세 때 도선사로 출가했지만, 절에서 받아주지 않았다. 집에서 허락받을 것을 요구했다. 그는 네 달간 요사채에서 생활하면서 자살 시도를 두 번 했다. 19세에서 24세까지 마약, 밀수, 사기도박, 폭력배, 폭행 등 밑바닥 인생을 살았다.

그가 21세 때 친구인 총각 무당이 말했다. "어머니가 어깨에 붙어 있다. 이것을 풀어줘야 한다." 2000년 44세 때 그는 결혼을 하고 생활이 안정되었다. 2001년 아내의 권유로 그는 아내와 친한 무속인을 통해 어머니 영혼을 관악산 굿당에서 초혼했다. 무속인을 통해 어머니의 영혼은 "나 때문에 고생시켜 미안하다. 아들 따라 외국까지 따라다녔다. 앞으로 너를 도와주겠다. 부부가 잘 살게 해주겠다"라고 말했다.[48]

다음 사진은 시신을 싣는 상여喪輿, 영혼이 타는 수레, 영여靈輿. 영여에는 혼백, 혼백상자, 신주, 향로, 영정 등을 싣는다. 두 명이 메듯이

---

48) 오진탁, 『자살예방 해법은 있다』 65-66쪽

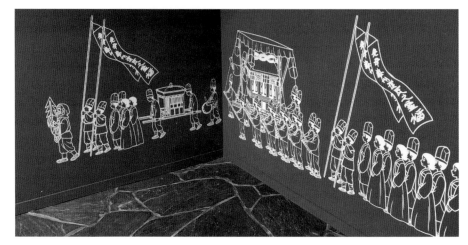

장례식 행렬에서 앞에 가는 것은 영여, 뒤에 따르는 것은 상여

영혼을 싣는 영여靈輿

시신을 싣는 상여

앞뒤로 끈을 가위표로 엇걸어 어깨에 걸고, 두 손으로는 가마채를 잡고 간다. 가마채가 허리 높이 정도 오기 때문에 '요여腰輿'라고도 한다. 사람은 죽으면 혼백이 분리되어 혼은 하늘로, 백은 땅으로 돌아간다. 이를 '신혼체백神魂體魄'이라 한다. 신혼神魂은 혼백이나 신주에 의지해 사당에 모셔지고 체백體魄은 무덤에 모셔져 흙이 된다. 신혼은 죽은 사람의 영혼이 깃든 것이기에, 시신을 옮기는 상여와 따로 분리한 것이다.

"내가 혼이라니 웬말이요?"

임순자 씨의 큰아들(22세)은 도로공사 현장실습을 나갔다가 사고로 갑자기 죽었다. 객사한 아들의 원혼을 달래기 위해, 죽은 아들의 혼을 만나기 위해 임순자 씨는 굿을 했다. 어머니는 객사한 아들의 원혼을 달래기 위해 무엇이든지 하고 싶었다. 죽은 아들의 영혼이라도 만나기 위해 직접 나뭇가지를 잡았다. 무속인은 어머니가 실신할까봐 '넋대'를 빼앗으려 했지만, 어머니는 자신도 모르게 화가 났다고 한다. 무속인 몸에 실려 죽은 아들의 영혼이 말했다.

> "내가 혼이라니 웬 말이요?
> 내가 혼이라니 웬 말이요?
> 어찌 떠나나? 나는 어찌하라고?
> 어머니, 이팔청춘 내 나이가 아직은 빛도 못 봐.
> 아직은 하고 싶은 것도 많고 너희들은 살았으니 좋지.
> 나는 원통해, 너무 원통하고 분해.
> 무당 몸을 빌려 내가 들어왔으니, 섭섭하다 하지 말고 잘 듣고 가요.
> 어머니, 섭섭해요.
> 밥 한 그릇 좀 나 좀 따뜻하게 먹이지 못했던 어머니 마음도 편하지

않았겠지만 내 마음도 너무도 섭섭한 마음이 많소이다.

(죽은 아들은 어머니 곁을 떠나 객지생활을 했다.)

먼저 죽은 자손 위해 제사 지내는 부모가 어디 있겠나?

내 옆에, 먼저 죽은 아버지 의지하고 우리 아버지 곁에 있을게요.

49재 탈상 지내고 아버지 옆에, 아버지와 함께 위패를 한 자리에다가 모셔다놔요.

(누이를 향해) 누이, 잘 있어.

(이모, 이모부 향해) 이모, 이모부, 잘 있어요.

(다시 어머니를 향해) 어머니, 단단히 마음먹고 집에 가서 약 먹어.

어머니, 저는 떠납니다, 건강하시고, 어머니, 나 못다 산 명까지 오래 오래 사세요."[49]

자살예방 다큐 제작, 자살자 영혼을 초혼하다

춘천 MBC가 함께 자살 예방 다큐를 찍자는 제안을 했을 때, 다큐 제작의 필요성을 느끼고 있었던 나는 동의했다. 다큐 촬영은, '자살, 고통을 부른다'는 문헌 중심의 연구와 죽음 현장 중심의 field work 작업을 진행하면서, 직접 자살과 죽음의 현장을 만날 수 있는 기회였다. 과연 원하는 내용을 화면에 담을 수 있을 지 고민되기도 했지만, 연구 결과에 대해 추호의 의심도 없었다. 다큐 촬영은 화면을 통해 나의 연구 결과를 보여주는 작업이었기에 흥분되는 일이었다. 무속인을 통해 자살자 영혼을 초혼해 촬영하기로 했다. 방송국에서 무속인에게 연락했더니, 그도 자살자 영혼을 위한 천도재를 준비하는 중이어서 곧바로 촬영 스케줄을 잡을 수 있었다.[50]

49) 박기호, 다큐 「영매-산자와 죽은 자의 화해」, 2002년

굿을 하는 과정에서 나뭇가지 '넋대'를 잡고 있다가 '넋대'가 흔들리기 시작하면 죽은 사람의 영혼이 실린 것이라고 한다. 자살예방 다큐를 찍을 때, 왼쪽 사진은 자살자의 친언니(왼쪽)가 넋대를 잡고 있는 모습. 오른쪽 사진에서 친언니가 넋대를 흔들고 있다.

무속에서는 죽은 사람들이 저승을 가지 못하고 구천에 떠도는 이유를 다음과 같이 설명한다. 갑자기 죽으면 자기가 죽었는 지 모르고 산 사람처럼 똑같이 행동을 한다. 자살한 사람은 사후에 다른 세상으로 떠나지 못한다. 이승과 저승은 구분이 되어 있는데, 죽은 사람들은 가지도 못하고 오지도 못한 채 허공을 떠돌아다니게 된다. 또 자신이 자살했다는 것을 억울하게 생각한다. 만약에 자살을 했다면 죽어서도 계속해서 고통을 받고 살아야 한다. 자살자 주변 사람은 자살자와 똑같은 방법으로 불행하게 죽음을 맞게 될 가능성이 크다. 그래서 자살자 집안은 계속해서 자살이 발생한다. 이런 식으로 자살자의 영혼은 이 세상을 떠나지 못한 채 살아 있는 사람 주위를 맴돌면서 또 다른 불행을 일으키는 것이다.[51]

50) 자살자 영혼을 초혼하는 날, 무속인은 다음 이야기를 들려주었다. 우울증이 굉장히 심했던 청소년이 상담 교사로부터 죽으면 끝이고 마음이 편해진다는 말을 들었다고 한다. 상담을 마친 학생은 집 근처 아파트 13층에 올라가서 곧바로 투신자살했다. 상담원이 죽음을 모르니 자살 예방은 어려울 것이라고 무속인은 말했다.

51) 풍기에 사는 최은진(가명)씨는 삼촌의 자살 이후, 사촌오빠가 알 수 없는 병으로 사망, 조카는 기찻길에서 오토바이 사고로 사망, 또 다른 조카는

남편과의 갈등 때문에 한 여자가 40여 년 전 강원도 동해에서 불행하게 삶을 마감했다. 남편이 젊은 여자와 바람을 피자 화가 난 부인은 남편에게 겁을 주려고 약을 먹고 자살했다. 무속인을 통해 자살자 영혼을 불렀더니 다음과 같이 통곡했다.

> "자식들 뒷바라지하면서, 하루 이틀 살아온 세월이 억수 같건만, 누가 이 망자의 설움을 알아주나, 서러운 마음을 알아준다고. 남편이 나를 찾을까, 자식이 나를 찾을까, 한 많은 세월이구나. 죄 지은 게 너무 많아, 이승 가면 저승 가나. 저승 가면 이승 가나, 문전 앞에서 내동댕이친 꼴이 되었으니, 어이 가라고(울음)······. 나를 알아 달라고 여기 가서 매달리고, 내 자식 사는 것도 가련하고, 내 서방 사는 것도 불쌍하고, 내가 너무 모진 마음 가지고(울음)"

언니, 자살한 동생 영혼과 대화하면서 위로했다

언니: 울지 말고 좋은 데 가서 잘 살아라.

영혼: 나를 찾아줘서 고마워요. 우리 새끼 좀 찾아달라고, 어디서 무엇을 하는 지 내 새끼 좀 찾아봐 줘요.

언니: 자식, 신랑 다 잊어버리고 좋은 데 가라, 우리한테 맴돌지 말고 조카 한테도 맴돌지 말고 좋은 데로 가라. 한恨 같은 것 담지 말고 좋은 곳에 가라.

영혼: 나도 살고 싶어. 나도 돈 많이 벌어서 떵떵거리고 살고 싶고, 형제들에게 힘주고 살고 싶다.[52]

집 앞에서 사망, 첫째 사촌언니는 의문의 교통사고로 사망, 셋째 사촌언니는 자살, 친정어머니도 자살하는 등 모두 자살과 의문의 사고로 7명이 세상을 떠났다. 이제는 자기가 죽을 차례라고 몸을 부들부들 떨고 있었다.

52) 춘천 MBC, 위의 다큐. 유튜브 동영상 "자살자 영혼 친언니에 실렸다", "자

자살자 영혼에게 술을 주었다. 영혼은 사과도 먹었다. 물론 영혼이 실린 언니의 육신을 통해서. 무당이 마지막으로 망자의 영혼을 위로했고, 자살자 영혼은 자리에 참석한 사람들에게 감사의 인사를 했다. 자살자 영혼이 새 옷을 입고 춤을 춘다.

동생의 자살 이후, 집안에 우환이 계속 이어졌다

자살자 영혼을 몸에 실었던 언니를 인터뷰했다.

> 질문: 동생 영혼이 몸에 들어왔을 때 어땠나?
> 답변: 동생 영혼이 들어오게 되면 나뭇가지 '넋대'를 잡은 손이 무겁다. 나도 모르게 손이 올라간다. 죽은 동생이 저승을 가지 못하고 떠돌다가 내게 오게 되면 몸이 찌뿌둥하고 머리도 아프다.
> 질문: 동생이 자살을 후회하는 것 같던데?
> 답변: 그냥 일반 농약이면 살았는데, 제초제를 입에 넣었다가 뱉었지만, 그대로 죽었다. 신랑을 혼내주려고 했는데 영원히 가버렸다. 먹는 시늉만 하려고 했는데 완전히 죽어서 내가 바보다, 바보천치! 울컥하는 마음에 신랑 한 번 혼내주려고 했는데, 진짜 자기가 죽으려고 했던 것은 아니고 신랑 한번 혼내주려고 하다가 실수로 죽은 것이다. 그래서 바보천치라고 했던 것이다.

자살한 동생 영혼을 몸에 실어보았던 언니는 자살한 동생의 고통을 실감했다고 말한다.

살한 동생 영혼을 육신에 실었던 언니 인터뷰." 유튜브 동영상을 클릭하면 그 때 촬영된 현장을 직접 보고 들을 수 있다.

질문: 동생의 자살로 집에 어떤 나쁜 일들이 있었는지?

답변: 오토바이 사고, 교통사고, 교도소에 간 사건도 있었고, 죽은 사람도 있는 등 우환이 끊이지 않았다.

질문: 동생 영혼이 몸에 들어왔을 때 어땠는지?

답변: 눈이 감기고 팔에 힘이 들어간다. 나도 모르게 손이 올라갈 때가 있다. 영혼 스스로 왔다는 것을 알려주기 위해 손을 탁 치는 수가 있다.

질문: 동생 영혼이 나갔는데 지금 상태는 어떤가?

답변: 시원하다, 개운하다, 영혼이 들어왔다가 나가면 시원해진다.

질문: 아까 여러 번 고맙다고 했는데 무슨 의미인지?

답변: 나(자살자 영혼)를 찾아줘서 고맙다. 옷도 해줬지, 음식도 해줬지, 음식을 먹고 싶었는데 우느라고 먹을 시간이 없었지만 사과는 먹었다. 음식을 보니 저절로 눈물이 난다. 나를 위해 배려해 줘서 눈물이 더 났다. 그래서 고맙다고 말한 것이다.[53]

자살자 영혼을 초혼한 무속인

자살자 영혼을 몸에 실어보았던 무속인에게 굿이 끝난 다음 다시 질문을 던졌다.

질문: 마지막에 망자가 옷을 받고 춤을 추던데 어떤 의미인지?

답변: 자신을 알아줘서 고맙고, 좋은 길을 갈 수 있어서 좋고, 자살해서 서럽지만 기쁜 마음이 생긴 것이다.

질문: 자살자의 고통을 잘 보여주던데 느낌을 자세하게 설명해달라.

답변: 돌아가신 분의 마음이 아픈 것, 저승을 가지 못하고 한이 맺혀서 이승에 맴돈다는 것이 마음에 전달되었다.

---

53) 춘천 MBC, 위의 다큐

질문: 자살자가 저승을 가지 못하고 맴돌고 있는 게 안타깝지 않은가?

답변: 형제나 자손들이 자살자 영혼이 맴도는 것을 몰라줄 때 마음이 아프다.

질문: 아무 대비 없이 죽거나 자살하는 사람들이 구천에서 맴도는데, 이런 일을 지켜보면서 어떤 말을 하고 싶은가?

답변: 죽는다고 다 끝나는 게 아니다. 옳은 마음을 가지고 밝게 사는 것이 제일 중요하다. 그래야지 저승에 가더라도 행복하게 된다.

질문: 자살한 사람에게 자살이 해결책인가?

답변: 자살은 현실 고통의 도피구가 될 수 없다. 자살은 큰 죄를 짓는 것이다. 죽어서라도 자살이란 어리석은 행위의 인과를 받는다.[54]

자살하면 다음 삶에서 똑같은 과제를 만난다

서양에서 생사학을 창시한 정신건강 전문 의사, 퀴블러-로스(Elisabeth Kuebler-Ross, 1926~2004)는 많은 사람들이 편안히 죽음을 맞을 수 있도록 도움을 아끼지 않은 사람이다. 그녀는 죽음을 앞두고 고통을 겪고 있는 환자들을 세심하게 보살핌으로써 단 한 사람도 자살을 택하지 않도록 인도했다. 환자들이 병으로 인한 고통을 참지 못해 자살하려 할 때마다 그녀는 그들을 괴롭히는 것이 무엇인 지 물었다. 육체적 고통 때문이라면 약물 처방을 통해 효과적으로 통증을 치료했고, 가족 문제라고 말하면 그것을 해결해 주기 위해 노력했으며, 우울증 때문이라면 효과적으로 치료될 수 있도록 도왔다.

그녀의 목표는 사람들이 자연사할 때까지 존엄성을 지키다가 후회 없이 다음 생을 맞이하도록 돕는데 있었다. 자살은 아직 자신이 배워야 할 과제를 남겨둔 채 죽는 행위이다. 자살하면 다음 단계로 넘어가지

54) 춘천 MBC, 위의 다큐

못하고 처음부터 다시 시작해야 하기 때문이다. 어떤 여자가 남자친구와 헤어지고 살 수 없어 자살하려고 한다면 그녀는 다시 상실과 함께 사는 법을 배워야 한다.

퀴블러-로스에 따르면, 삶에서 우리가 마주치는 어려움은 우리 삶에 주어지는 일종의 과제이므로, 자기 자신이 수용하고 극복해야 할 것이라고 한다. 우리의 영혼은 이 과제를 마쳐야만 다음 단계로 넘어갈 수 있다는 얘기다. 만일 자살을 택함으로써 과제를 마치지 못했다면, 우리

는 다음 삶에서 똑같은 과제를 만나게 된다. 결국 자살은 자신이 감당해야 할 일을 뒤로 미루는 어리석은 행위일 뿐이며, 미뤄진 과제는 죽은 이후에도 계속 그를 따라 다니게 된다. 삶에서 마주치는 어려움들을 피해 자살했다면, 남겨진 영혼은 후회와 죄책감에서 벗어날 수 없다. 게다가 새로운 삶에서는 원래 감당해야 했던 과제와 함께, 자살이라는 어리석은 선택의 책임까지도 짊어져야 한다.[55]

---

55) 퀴블러-로스, 박충구 역, 『삶과 죽음에 대한 기억』, 가치창조, 2001년, 274쪽

죽고 싶어 자살하는 사람은 없다

자살자가 원하는 것은 죽음이 아니다

그런데 자살자들이 남긴 유서들을 분석했더니, "사는 게 힘든다", "세상과 결별한다", "자살하면 고통에서 벗어난다"는 표현도 있지만, '살고 싶은 욕구' 역시 표출되어 있었다. 자살자는 삶과 죽음의 갈림길에 서 있었다. 자살자가 원하는 것은 놀랍게도 죽음이 아니었다. 바로 삶이었다. 자살자는 죽고 싶은 게 아니라 살고 싶었던 것이다. 자살자는 살고 싶은데, 현실의 고통으로 인해 살기가 힘들어서 어쩔 수 없이 자살로 뛰어드는 것일 뿐이었다. 자살자는 죽고 싶어서 자살하는 게 아니고, 살고 싶은데 현실 고통으로 인해 살기가 힘들어서 죽음이 마치 현실 고통의 도피구라도 되는 듯 자살로 뛰어들 뿐이라는 뜻이다.

한국형사정책연구원 박형민 연구위원은 1994년부터 2004년까지 자살자들이 남긴 유서 405건을 분석한 논문으로 박사 학위를 받았다. 박 위원은 자살자들의 유서에는 '살고 싶은 욕구'가 있었다고 말했다. 어떤 25세 남자는 "내가 이 좋은 세상에 이렇게 허무하게 가야 하는 지" 라고 유서에 적었고, 14세 소녀는 "이대로 죽기엔 14년밖에 못 산 내 인생이 너무 아깝다" 고 말했다. 하지만 죽어야만 하는 이유는 명확하게 설명하지 않았다. 자살자들은 '너무 힘들다' '죄송하다'는 말만 남긴 채 자살을 선택했다. 어떤 자살자는 삶을 위해 복권을 구입했고, 자살하기 위해 칼도 준비했다. 자살자 앞에는 두 가지 갈림길이 놓여 있다.

첫째, 삶 : 그가 원하는 것은 바로 삶, 죽음이 아니다.
둘째, 죽음 : 삶에서 원하는 게 되지 않으니까 죽음으로 뛰어드는 것일 뿐.

이 남성은 삶을 위해 복권을 구입했다. 또 자살하기 위해 칼도 준비했다. 미래를 위해 복권도 사고 자살을 위해 칼도 구입하는 등 마음속으로 깊은 고민을 했다.

"산다? 그럼 당장 직장은 어떻게? 또 가서 잘 적응할 자신이 있나? ……이러지도 못하고 저러지도 못하고 …… 어떻게 사냐구. …… 조금 사는 쪽으로 마음을 기울였더니 되는 일도 없이 힘만 드는구나."[1]
"세 번째 이혼, 세 번의 아픔. 겁이 난다, 죽는 게…… 아…"[2]

---

1) 박형민, 『자살, 차악의 선택』, 124쪽
2) 박형민, 같은 책, 222쪽

"죽음, 무섭고 피하고 싶지만……"3)

"죽을 때, 아프지 않을까? 아픈 건 싫은데…… 몇 번이나 결심을 해도 죽는 건 힘든가 봐. 좀 무서워. 너무 외롭다구."4)

자살자 유서 "자살은 최악의 선택"

자살자도 죽음은 무섭다. 죽음은 피하고 싶어 한다. 자살자는 죽기 위해서, 자살하고 싶어서 자살하는 게 아니다. 삶에 더 이상 머물 수 없어서 자살하는 것일 뿐이었다. 어느 자살자는 유서에 자살은 최악의 선택이라고 적었다. 어떤 자살자는 죽고 싶다는 생각을 100번도 넘게 해봤다. 죽으면 끝날까, 죽으면 편해질까, 라는 걱정을 하고 있었다. 그러니까 자살자는 죽고 싶은 게 아니라 살고 싶은 것이었다. 살기 힘드니까 자살로 뛰어들 뿐이었다. 자살자들도 역시 죽음에 대한 두려움과 불안의 감정이 있었다.

그렇다면 자살로 과연 문제가 해결될 수 있는 지 정확하게 검토할 필요가 있다. 자살하면 과연 어떻게 되는 지, 자살자의 희망대로 현실의 고통에서 벗어나게 되는 지, 정확하게 제시해야 한다. 죽음을 30여년 동안 연구했더니, 자살하면 고통으로부터 벗어나는 게 아니라 더 큰 고통에 빠지게 된다는 사실을 분명히 알게 되었다. 자살예방을 위해서는 과연 자살하면 어떻게 되는 지 실증적으로 정확하게 밝혀내는 일이 중요하다. 따라서 죽음에 대한 정확한 이해를 바탕으로, "죽는다고 다 끝나는 게 아니다", "자살해도 고통이 끝나는 게 아니다"는 사실을 정

---

3) 박형민, 같은 책, 134쪽
4) 박형민, 같은 책, 481쪽

확하게, 또 분명하게, 그리고 단호하게 가르칠 수 있다면 자살 예방에 크게 도움이 될 것이다. 죽는다고 다 끝나는 게 아니므로, 자살하면 고통이 커진다는 사실을 알게 된다면, 어느 누구도 자살을 생각하지 않을 것이기 때문이다.

자살 동기는 크게 세 가지로 요약될 수 있다. 첫째 개인적 이유, 둘째 사회문제 혹은 사회병리현상은 당사자가 원하는 대로 해결해 주는 것은 불가능하다. 가족이나 상담원이 할 수 있는 일은 그의 말을 충분히 들어주고 함께 고민하는 방법 이외에 다른 해결책을 찾는 것은 쉽지 않다. 따라서 개인적 이유와 사회문제 해결을 통한 자살예방은 효과를 거두기 어렵다.

사람들이 자살하는 세 번째 원인으로, 죽음과 자살에 대한 오해를 들 수 있다. 우리 사회에는 살다가 힘들면 자살이 해결책이라도 되는 듯이 생각하는 사람들이 상당히 많다. 자살하면 자기가 당면하고 있는 현실 문제로부터 벗어날 것이라는 기대감 때문에 자살하는 것이다. 자살 시도자들은 이렇게 말한다. "자살하면 삶의 고통에서 벗어난다고 판단했다." "자살하기 위해 관련 사이트에 접속했다. 자살하면 다 끝난다고 생각했고, 자기 판단에 따라 자살해도 된다고 생각했다."

자살자도 죽음이 두렵다

2002년에 자살한 26세 남성이 남긴 글에 '2001년 11월 16일 금요일' 날짜가 남아있는 것으로 보아 사망하기까지 최소한 1년 11개월 전부터 자살시도를 했고, 적어도 그 기간 동안 자살을 생각했던 것으로 추정되는데, 자살 사이트에 지속적으로 글을 적으면서 자살충동과 죽음에 대한 두려움을 표현했다.

"얼마 전에 자살하려고 아파트 옥상에 올라간 적이 있습니다. 뛰어 내리면 죽을 수 있을 것 같더군요. 그런데 몸이 움직이지 않았어요. 한 발자국만 앞으로 내딛으면 되는데⋯⋯정말 세상 사는 게 힘들고 고통스럽다. 되는 일은 하나도 없는데⋯막상 죽으려고 하니 두려움도 생기고 떨리고⋯."[5]

두 가지 갈림길, 삶과 죽음

유서에 표출되어 있듯이 자살자 앞에는 삶과 죽음이라는 두 가지 갈림길이 놓여있다. 삶 : 자기가 원하는 것은 바로 삶, 죽음이 아니다. 죽음 : 삶에서 원하는 게 되지 않으니까 죽음으로 뛰어드는 것일 뿐이다. 어떤 자살자는 삶을 위해 복권을 구입하고 또 자살하기 위해 칼도 준비했다고 한다. 복권을 사고, 칼을 구입하는 두 가지 마음의 갈림길에서 깊은 고민을 했을 것이다. "산다? 그럼 당장 직장은 어떻게? 또 가서 잘 적응할 자신이 있나?⋯이러지도 못하고 저러지도 못하고⋯어떻게 사냐구." "조금 사는 쪽으로 마음을 기울였더니 되는 일도 없이 힘만 드는구나." 자살자가 원하는 것은 죽음이 아니라 삶이었다. 살고 싶지만, 아무리 살려고 해도 살 수 없으니까, 어쩔 수 없이 자살로 뛰어드는 것일 뿐이다.

자살을 시도하는 사람은 죽음을 원하는 것일까. 그들은 정말 죽고 싶어하는 것일까. 대답은 물론 그렇지 않다는 것이다. 마치 끝이 보이지 않는 깜깜한 터널 속에 며칠째 갇혀있는 것처럼 돌파구가 보이지 않는, 힘겹고 고통스러운 상황에 처했을 때, 사람들은 자연스럽게 절망에서 벗어나기 위한 유일한 방법으로 '죽음'을 떠올린다. 그 '떠올림'만으로

---

5) 박형민, 같은 책, 116쪽

도 죽음이 무척이나 가깝게 느껴진다. 죽음이야말로 고통을 없애주는 가장 좋은 대안이란 믿음이 점차 강화되는 것이다. 결국, 사람들은 고통스러운 상황을 벗어나길 간절히 바라지만, 그것을 벗어날 방법이 없다고 느낄 때 자살을 시도하는 것일 뿐, 결코 죽음 그 자체를 원하는 것은 아니다.[6]

어떤 정신건강의사도 첫 번째 자살 위기 이후, 심한 우울증을 앓으며 '죽고 싶다'는 생각에 사로잡히게 되었다고 말했다. 살면서 위기를 겪게 되면 누구나 한번쯤 자살을 생각할 수 있지만, 이는 죽음을 갈구하는 게 아니라 삶의 고통을 더 이상 견디기 힘들다고 느끼는 상황에서 자살을 생각하게 되는 것이다. 그 우울감을 다스릴 수 있다면, 자살 생각 역시 지나갈 수 있다. 마음으로 죽음을 정말 원하는 게 아니기 때문이다.[7]

따라서 죽음이 현실 고통의 해결책 혹은 도피구가 될 수 없다는 사실을 정확히, 사실 그대로 알려줄 필요가 있다. 한 학기 동안 「자살예방의 철학」을 교육받은 자살 시도 학생들은 자살에 대한 생각이 완전히 달라졌다. "자살은 현실에서 도피하는 수단일 뿐 고통에서 벗어나는 게 아니다." "삶이 고통스럽더라도, 고통은 삶의 과정에서 누구나 마주치게 되니까, 고통을 수용해 극복하는 일이 우리가 해야 할 일이다." "살면서 산전수전 다 겪었다. 우울증에 시달리면서 병원에 다녔지만, 나아지지 않았다. 수업을 통해 세상을 보는 눈이 크게 달라졌다. 친구가 자살하겠다고 말하면 나도 이제 충분히 설득시킬 수 있을 것 같다. 자살한다고 문제가 해결되지 않기 때문이다."

---

6) 임세원, 『죽고 싶은 사람은 없다』, 알키, 2019년, 42-43쪽
7) 임세원, 같은 책, 50쪽

"이제 자살을 더 이상 생각하지 않는다."

K양은 2019학번으로, 2019년 2학기에 「죽음의 철학적 접근」을 수강했을 때에는 1학년 학생이었다. K양은 최근까지 죽음을 고민하면서도 단 한 번도 죽음의 '의미'에 대해 생각하지 않았다. 학생에게 죽음이란 이 삶을 끝내는 것, 지금 심장이 멈추는 것, 육체에 한정된 의미의 죽음이었다. 상황이 너무 힘들 때에는 어떻게 되든 상관없이 그저 벗어나고 싶었다고 한다. 이런 자신을 바꿔보고 싶다는 생각에 「죽음의 철학적 접근」 수업을 수강하게 되었다.

K양의 우울과 불안의 시간은 길었지만, 죽음을 직면했던 첫 순간은 아직도 잊지 못한다. 초등학생 때 왕따를 당했다. 하지만 당시 왕따를 당하는 게 자기 잘못이라는 이야기를 들어야만 했다. 그 이후 K양은 마음의 문을 닫고 살았다. 중학교에 진학하기 전까지 학교에서는 항상 엎드려 울었다. 그 때부터 막연히 현실에서 도망치고 싶었다. 그 때 처음 자살을 하고 싶다고 느꼈던 것 같다고 말했다. 중학교에 진학한 이후 우연한 계기로 학교 상담 선생님에게 상담을 받기 시작했다. 상담을 받는 학생을 대부분의 선생님들은 좋지 않은 시선으로 바라보았다.

K양은 중학교 때 심리 불안정 고위험군으로 결과가 나왔고, 담임선생님은 K양을 불러 고위험군에 뽑히면 멀리 상담도 다녀야 하고 할게 많아진다며 수치가 잘못된 것이라는 대답을 요구하였고, 그녀는 마지못해 '그렇다'고 답했다. 고등학교 때에도, 대학교 때에도 주변에 정말 심리 상담이나 자살 예방 교육이 필요한 아이들이 있었지만 대부분 심리검사에 거짓으로 답했다고 한다. 중학교 때 우울증이 심해져 정신과 진료를 권유한 선생님의 전화를 받고 어머니는 울며 화를 내셨다. "네가 그러면 내가 뭐가 되니, 너 그런 거 받으면 기록에 남고 안 좋아."

K양은 어머니의 그 말을 듣고 참 많이 낙담했다. 대학교에서 치러진 심리검사에서도 고위험군으로 판정받았지만, 의무적으로 받아야 하는 상담 외에는 나가지 않았다. 그녀는 어머니의 울음 섞인 목소리를 다시 들을 자신이 없었다. 누군가 왜 자살에 대해 생각했느냐고 묻는다면 명확하게 답할 자신이 없었다. K양은 단지 자신이 처한 상황이 싫었을 뿐이고, '이렇게' 살기가 싫었을 뿐이었다.

자살자 주변에서는 자살의 악순환이 일어난다. 왜 자살자 주변에서는 자살이 반복될까? 중학교 때 K양 집 앞에서 마주치던 아이가 자살했다. 아직도 그 때 생각을 하면 조금 숨이 막힌다고 말한다. 당시는 세월호 사건이 터졌던 즈음이라, 학교는 활기보다는 침묵, 웬지 모를 눅눅함이 느껴졌다. 그 아이에 대한 이야기는 학생들 사이에서 금기시되었다. "선생님들은 우리에게 어떤 설명을 해주지 않았고, 우리는 그 아이의 죽음을 어떻게 받아들여야할 지 몰랐다. 친구들도 그 상황에서 그 어떤 말을 해야할 지 몰라 그저 멍하니 지낼 수밖에 없었다."

자신을 제대로 이해해야 죽음을 잘 이해할 수 있고 삶도 잘 영위할 수 있으므로, 자신이 겪고 있는 괴로움은 결국 타인의 조언보다는 스스로 해답을 찾고 나아가야만 해결될 수 있다고 K양은 말한다. 학생은 지난 날 대체로 행복하기보다는 불행했지만, 이제부터는 지난 날보다 불행을 더 잘 견딜 수 있다고 생각한다. 다음은 K양의 인강 수강 소감이다.

"고통을 겪음으로써 성숙해진다"

"「죽음의 철학적 접근」 수강을 통해 죽음과 자살을 깊이 있게 배움으로써 삶의 자세와 고통에 대한 나의 시각을 바로잡는 시간이었던 것 같다. 우리는 고통을 지나치게 회피하고 부정하는 경우가 많다. 고통이 없다면 행복도 없다는 말에, 삶에 행복만 가득하다면 행복을 행복이라고 느낄 수 없으며, 행복은 고통이 있어 존재한다는 생각이 들어 고통을 바라보는 시각을 좀 달리할 수 있었다. '인간은 고통을 겪음으로써 성숙해진다.' 흔한 말이지만 그 의미를 느낀 것은 처음이었다. 우리는 어린 시절 수십 번 넘어지면서 걷는 방법을 배운다. 만약 우리가 넘어지는 것이 두려워 걷지 않는다면 우리는 평생 걷지 못할 것이다. 단순히 지금 넘어지는 것이 두려워 걷지 않는다면, 걸어야 한다는 압박은 늘 우리와 함께 할 것이다. 퀴블러-로스의 말처럼 우리는 다음 단계로 넘어갈 수 없게 된다.

반드시 마주하고 이겨내야 할 과제, 죽음과 자살로 피할 수 없다. 우리는 고통을 견디고 마주해야만 나아갈 수 있을 것이라고 생각한다. 이에 힘들거나 어려운 일이 있으면 쉽게 '죽고 싶다', '자살할까' 등으로 어려움을 회피하거나 죽음을 가벼이 생각하고 말했던 것 같아 후회한다. 고통을 직시하고 이겨내기 위해 노력해야만 한다는 것을 알았다. 내가 지금 이겨내고 직시하지 않으면 어려움은 결코 사라지지 않는다. 사람들은 죽으면 끝이라는 생각에, 현실을 견디지 못해 자살한다. 자살해 죽는다고 해서 끝이 아니고, 죽음 이후에도 그 고통을 계속 겪고 상황이 악화된다는 것을 안다면 그 누구도 자살을 시도하지는 않을 것이다."

자살해도 고통에서 벗어나지 않는다

죽음과 삶, 그리고 자살에 대해 체계적으로 교육받은 학생들은 자살충동의 개인적 원인이나 사회문제가 그대로 남아있다 하더라도, 자살이 해결책이 되지 않는다는 사실을 분명히 알고서 더 이상 자살을 생각하지 않게 되었다. 사회가 힘을 합쳐 해결할 수 있는 사회병리현상도 있기는 하지만, 개인적 고민과 사회병리현상 대부분은 누구도 쉽게 해결할 수 없는 문제이므로, 개인적 고민과 사회문제 해결을 통한 자살예방은 사실상 불가능하다. 하지만 죽음과 자살, 그리고 삶에 대해 체계적으로 생명교육을 실시해 자살한다고 문제가 해결되지 않는 사실을 정확하게, 또 단호하게 가르쳤더니, 자살예방 효과는 기대 이상이었다.

자살을 시도하는 사람들은 죽으면 자기 고통이 해결될 것이라는 기대감 때문에 자살을 선택하는 것이다. 죽음이나 자살이 자기 문제를 해결해 주지 못하는 사실을 사람들이 알게 된다면, 더 이상 자살로 뛰어들지는 않을 것이다. 사람마다 겪고 있는 무수히 많은 고통을, 죽음이 어떻게 해결해줄 수 있겠는가? 자살이 무슨 해결사인가? 죽는다고 다 끝나는 게 아닌데, 자살이 어떻게 도피구가 될 수 있겠는가? 지금까지 「자살예방의 철학」 「죽음의 철학적 접근」 수강생 약 1,500여 명 중 99% 이상이 더 이상 자살을 생각하지 않게 되었다고 말한다. 지난 20여 년간 교육경험에 비추어볼 때, 자살한다고 지금 당면한 문제가 해결되는 게 아니라는 사실을 분명하게 알게 되면, 누구도 자살을 선택하지 않을 것이다. 지금까지의 자살예방은 약물투여나 상담 위주로만 진행되었고 죽음과 자살을 체계적으로 교육시킨 일이 없기 때문에, 자살률은 줄어들지 못한 것이다.

죽음은 살아 있어야 한다

죽음은 살아 있어야 한다.
사십구일은 살아 있어야 한다.
적어도 일 년에 사나흘
기일 전후만큼은 다시 살아 있어야 한다.

죽음이 살아 있지 못해서
삶이 이 지경이다.
죽음이 죽음과 함께 죽어버려서
살아있음이 이토록 새카맣다.
삶의 정면이 이토록 캄캄하다.

죽음아 죽음들아
홀로 죽어간 죽음들아
홀로 죽어서 삶을 모두 가져간 죽음들아
삶을 되돌려주지 않는 죽음들아
뒤도 돌아보지 않는 죽음들아

죽음은 살아 있어야 한다.
죽음이 삶 곁에 살아 있어야 한다.
죽음이 생생하게 살아 있어야
삶이 팽팽해진다.
죽음이 수시로 말을 걸어와야
살아있음이 온전해진다.

죽음을 살려내야 한다.
그래야 삶이 살 수 있다.
그래야 삶이 삶다워질 수 있다.
그래야 삶이 제대로 죽을 수 있다.

죽음을 살려내야 한다.
죽음을 삶 곁으로
삶의 안쪽으로 모셔와야 한다.

왜 생사관 확립이 시급한가?

우리 사회 죽음 이해의 현주소

우리 사회가 죽음을 어떻게 이해하고 있는 지 질문을 제기해본 적이 있는가? 나는 죽음을 어떻게 이해하고 있는 지 자신에게 진지하게 물어본 적이 있는가? 죽음을 정확하게 이해하지 않고 삶을 제대로 살 수 있을까? 죽음을 정확하게 이해하지 않고 인간을 제대로 이해할 수 있을까? 죽음을 바르게 이해하지 못하면서 자기 자신을 제대로 이해할 수 있을까? 세계10위권의 중견국가로서 지위를 확보한 상황에서, 이제 우리 사회는 죽음을 어떻게 이해하고 있는 지 나는 죽음을 어떻게 받아들이고 있는 지, 차분히 질문을 던져 우리 사회 죽음 이해의 현주소를 점검해볼 때가 되었다.

의료현장에서의 치료는 육체 기능의 유지와 개선에 초점을 맞추는 방식으로 전개되어 왔고, 학교의 교육 과정에서는 과학적 사고가 교육의 핵심 내용으로 자리 잡으면서 과학의 패러다임으로 설명하기 어려운 죽음 현상은 자연히 주변부로 밀려나게 되었다. 그 결과 우리는 '죽는다'는 사실을 당연하게 생각하면서도, 죽음을 바르게 이해하기 위한 준비를 하지 않은 채 삶만 바라보면서 세속적 가치에만 몰입할 뿐이다. 죽음은 삶의 자연스러운 과정임에도 불구하고 아무 준비 없이 죽음을 맞게 되니까, 죽음은 절망, 두려움, 불행과 동의어로 인식되고 있다. 최근 한국 사회에서 갈수록 증가 하고 있는 '죽음의 의료화 현상', 자살문제, 고독사의 증가 등 불행한 죽음의 양산, 연명치료 중단과 안락사 논란, 삶의 질과 죽음의 질 문제는 우리 사회에 죽음 문제에 대한 근본적인 성찰을 요구하고 있다.

'죽음의 의료화 현상': 아름다운 마무리에 관심 없다

1997년 서울 보라매병원의 연명의료 중단이 살인죄로 판결나면서 임종 환자의 병원 퇴원이 어려워졌지만, 2009년 세브란스병원에 입원한 김 할머니에 대한 대법원의 연명의료 중단 결정을 거치면서 연명의료 중단 결정에 대한 법제화 논의가 활발해졌다. 논의 주제는 말기 환자의 연명의료 중단 결정의 문제, 생명의 자기 결정권, 가족이 대신 연명의료 중단을 결정하는 문제, 연명의료 중단의 의학적 객관성 확보 문제, 연명의료 대상 환자의 범위, 병원의 윤리위원회 구성과 적절한 활동 가능성, 호스피스 완화의료의 제도화 등 주로 의학 중심으로 논의가 진행되었다. 죽음과 임종을 의학이 주도적으로 결정하는 현상을 '죽음의 의료화 현상' 이라고 부른다. 최근 들어 더욱 심화된 '죽음의 의료화 현상'으로 인해 인간의 죽음 역시 '심폐사와 뇌사' 같은 의학의 죽음 이해만 고려하면 충분한 것으로 간주되고 있다.

아무런 준비 없이 맞이한 죽음이 얼마나 큰 비극을 초래하는 지 주위에서 어렵지 않게 찾아볼 수 있다. 현대 의학의 연명의료 발달로 인해 죽어가는 환자도 죽음을 늦출 수 있게 되면서, 현대인은 갈수록 죽음을 기피하게 되었다. 의료기술이 발전해 수명이 늘어나면서 임종 과정 또한 길어지고 의료화하는 것은 세계적인 흐름이다. 그러나 기계에 매달린 채, 준비가 안 된 상태에서 죽음을 비참하게 맞이하는 것이 바람직하지 않다는 문제도 함께 제기되었다. 국가생명윤리 심의위원회에서 구성한 사회적 합의기구인 '무의미한 연명치료 중단 제도화 특별위원회'의 입법 권고가 나오면서, '호스피스·완화의료 및 임종 과정에 있는 환자의 연명의료 결정에 관한 법률'(앞으로 연명의료결정법으로 약칭)이 2016년 2월 국회를 통과했고, 연명의료 중단은 2018년 2월 4일부터 시행되고 있다.

최근 들어 병원에서 임종하는 일이 많아지면서 전통 사회에서처럼 가족의 따뜻한 보살핌 속에서 마지막 순간을 보냈던 임종 모습은 찾아보기 어렵게 되었다. 죽음에 대한 거부감이 사회에 만연되어 있어서 호스피스가 활성화되기 어렵고, 편안하게 임종하는 사람 역시 찾아보기 어렵다. 차가운 병실에서 가족은 배제된 채, 현대의 의료기계들에 둘러싸여 의료진이 죽음을 선언하는 냉랭한 방식으로 바뀌었다. 인간은 육체만의 존재인 것처럼 의료 현장에서는 육체의 죽음에만 초점을 맞추고 있고, 인간다운 보살핌과 가족들과의 정겨운 작별인사는 생각하기 어렵게 되었다. 병원에서는 임종 순간 평온한 분위기 속에서 마지막 시간을 보내도록 인도하는 게 아니라, 심장이나 호흡, 뇌 기능이 언제 멈추는 지 여부에만 관심을 둔다. 의료기관에서 진행되는 이와 같은 마지막 임종 모습은 우리 사회 전체의 죽음 이해를 결정짓고 있다. 의학에 의한 심폐사와 뇌사 같은 육체적 죽음의 판정 기준 이외에 포괄적이고 깊이 있는 죽음 이해를 우리 사회는 가르치고 있지 않다. 결국 인간은 육체만의 존재이고 죽으면 모든 게 끝난다고 우리 모두 암묵 속에 동의하고 있는 상황이다.

연명의료결정법은 웰다잉 법이 아니다

이런 정상적이지 않은 인간 이해, 세속적인 삶의 방식으로 인해 현대 사회는 많은 것을 잃고 있다. 언론에서는 연명치료 중단 여부, 의학적·법률적 논의에만 초점을 맞추고 있을 뿐이며, '사전연명의료의향서'를 작성해 연명치료를 중단하기만 하면 바로 존엄한 죽음, 웰다잉이라는 기사가 계속 이어지고 있다. '사전연명의료의향서'에 서명한 것으로 웰다잉한다고 생각한다면 커다란 착각이다. 웰다잉은 우리 사회에서 죽음에 대한 거부감이 강해 대신 사용하게 된 용어로 '아름다운 마무리'를 뜻하는 한국식 영어표현이다. '연명의료결정법'이 제정되면서 언론에서는 이 법을 '웰다잉법' 혹은 '존엄사법'으로 부르고 있다. '웰다잉법'은 네이버 지식백과에서도 "회생 가능성이 없는 환자가 자기의 결정이나 가족의 동의로 연명치료를 받지 않을 수 있도록 하는 법"으로 해설되어 있다.

그러나 이 법은 웰다잉과 존엄사에 관한 법이 아니고, 연명의료 중단 결정에 관한 법률일 뿐이다. 단지 '사전연명의료의향서'에 서명해 연명

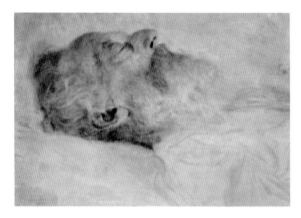

구스타프 클림트, '임종 노인' (1899년)

의료 중단을 결정했다고 해서 바로 웰다잉일 수 없고 존엄사일 수 없기 때문이다. 우리 사회는 연명의료중단 결정이 웰다잉, 아름다운 마무리와 어떻게 다른 지 구분하지 못하고 있다. 다시 말해 우리는 죽음에 대한 인식이 크게 부족하고, 삶을 아름답게 마무리하는 웰다잉에 별다른 관심을 보이고 있지 않다.

OECD국가 중 자살률 1위

자살방지 대책은 예방(prevention), 위기개입(intervention), 사후관리(postvention)의 세 가지 방식으로 진행되는데, 정부의 정책 방향은 위기개입 위주의 임시방편 수준에 머무르고 있어서 자살예방은 실질적인 효과를 거두지 못하고 있다. 자살예방을 위한 장기계획이 없고 정부 부서간 유기적 협조체제도 제대로 되어있지 않다. 사회 저명인사 혹은 유명 연예인 자살사고가 일어날 때마다 이벤트식으로 접근하니까, 일회성에 불과할 뿐이어서 지속적인 예방효과를 기대하기 어렵다. 또 자살 고위험군 선별검사를 한 이후, 고위험군이 상담과 치료를 받아 어떻게 되었는 지 그 이후에 대한 자료가 전혀 없다. 자살예방 프로그램이 현장에서 어떻게 운영되고 있고 어떤 효과가 있었는 지 결과 보고 역시 제시된 적이 없다.

자살률은 1997년 말 외환위기 이후 20여년 동안 지속적으로 상승했고 자살대국 일본을 추월한 지 오래되었다. 얼마 전 유명 연예인의 자살로 사회가 큰 충격을 받자, 교육부에서 전국의 교육청에 공문을 보내다음 날까지 학생들을 대상으로 자살예방교육 실시를 지시한 적이 있었다. 교육청은 자살예방 전문가를 초빙하지 않고 담당 과장을 시켜 관내 학교의 교사들을 교육시켰고, 교사들은 자기 학교로 돌아가 전체 교사들에게 전달했고, 담임 교사들은 곧바로 학생들을 교육시켰다. 일선 학교에서는 교육부 지시대로 전체 학생들에게 자살예방교육을 시켰다고 공문을 다음 날 올렸다. 이런 식으로 자살예방교육이 형식적으로 진행되고 있으니, 무슨 예방 효과가 있겠느냐고 일선교사가 하소연하고 있다. 서울 강남에서 고교생이 자살한 일이 있었는데 어떻게 예방해야 하는 지 등 후속 대처 전반에 문제가 심각했다. 체계적인 대응 방안을 모른다는 얘기다. 전문기관에서 자살예방 프로그램을 개발해도, 일선 학교에서 체계적으로 운영되고 있는 지 점검할 생각조차 하고 있지 않다. 또 상담교사가 학교에 배치되고 있지만, 별다른 효과를 기대할 수 없는 상황이라고 일선 교사는 증언하고 있다.

육체 중심의 죽음 이해, 삶의 질 떨어뜨린다

물질적 풍요와 경제성장, 과학과 의학의 발전은 선진국 수준이지만, 한국의 소득 증가세에 비해 삶의 만족감은 경제협력개발기구(OECD)에서 밑바닥이다. 한국인의 삶의 만족도는 최하위권이다. 경제수준은 상위권이지만, 삶의 질은 하위권에 해당된다. 한국의 행복지수가 OECD 국가 중 하위권이듯이, 각종 '삶의 질' 지수에서도 하위권이다. 죽음의 질이 좋지 않으므로 삶의 질 역시 좋을 수 없고, 행복 만족도 역시 개선되기 어렵다. 죽음의 질 향상 없이 자살을 예방하기 어렵고 삶의 질 향상을 기대할 수 없기 때문이다.

육체 중심의 죽음 이해에서 벗어나지 못하면 우리 사회의 죽음이해는 성숙할 수 없고, 죽음의 질 뿐만 아니라 삶의 질 역시 향상될 수 없으며, 사회는 세속적·물질적 가치 추구에서 벗어날 수 없을 것이다. 죽음을 어떻게 이해하느냐 하는 문제는, 우리가 자기 존재를 어떻게 이해하고 어떤 삶을 영위하느냐 하는 문제와 직결된다. 죽음 이해, 삶의 이해, 인간 이해는 삼위일체의 관계에 있다. 따라서 죽음을 어떻게 이해하는가 하는 문제는 인간 이해와 삶의 이해에 관건이 되는 문제이다. 죽음 이해가 부족하다는 말은 그 사회의 삶의 질이 만족스럽지 못하다는 뜻이다.

고독사의 확산 "설마, 저 늙은이가 나라는 말이여?"

임철우의 단편소설, 「세상의 모든 저녁」은 노인의 고독사가 소재다. 변두리 도시 다세대 주택 쪽방들에서 노인들은 끔찍한 모습으로 죽어나간다. 양쪽 허벅지가 벽에 닿을 정도로 비좁은 화장실 변기 위에서 죽어 부패된 채 발견되는 노인도 있다. 일흔세 살 허만석도 연명을 위한 최소한의 식사를 하다 냄비에 머리를 처박고 급사한다. 소설은 일 주일째 아무도 찾는 사람 없어 주검이 부패되는 참혹한 과정을, 또랑또랑 의식이 살아 있는 허만석 영혼의 시점에서 적나라하게 전한다.

> "그는 한참을 어리둥절해 있다. 한없이 깊은 잠에서 막 깨어난 느낌. 도대체 여기가 어디일까. 조심스레 주위를 살펴본다. 기이하리만치 투명해진 시야 안으로 사물의 윤곽이 차츰 선명해진다. 소형 냉장고, 싱크대, 밥솥, 간이 옷장. …… 눈에 익숙한 그것들을 보니 비로소 마음이 놓인다. 여긴 내 방이로구나. 그런데, 뭔가 이상하다. '아니, 저건 누구야? 웬 늙은이가 남의 방에 멋대로 들어와 앉아 있어?' 그는 혼란에 빠져 허둥거린다. 지금 그의 눈 앞에 한 사내가 앉아 있다. …… 혹시 죽은 건가. 사내의 모습이 어딘지 눈에 익숙하다. 헐렁한 파자마와 누런 러닝셔츠, 앙상한 어깨가 영락없이 누군가를 닮았다. 마침내 그는 냄비 가장자리로 비죽이 나와 있는 뒷머리의 백발을 알아본다. '설마! 저 늙은이가 나라는 말이여?' …… 비로소 그는 자신이 처한 상황을 어렴풋이 깨닫기 시작한다. 하지만 지금 맞은편

괴상한 모습의 노인은 더 이상 그 자신이 아니다. 그건 빈껍데기 육신이다. 조금 전까지 그가 담겨 있었던 가죽 포대기, 텅 빈 자루일 뿐이다. 뭐라고? 그렇다면 지금 여기에 있는 나는 무엇이란 말인가? 그는 손으로 몸을 더듬어보다가 기겁을 한다.……그는 형체 없이 허공에 아지랑이처럼 푸르스름하니 떠 있는 자신을 뒤늦게 발견한다. ……그는 힘없이 바닥에 주저앉는다. 이젠 모든 것이 자명해졌다. 그는 이미 죽었다. 그리고 혼이 되어 몸에서 빠져나온 것이다. 눈 앞의 저 것은 이젠 껍데기에 지나지 않는다. …… 결국 난 그렇게 죽음을 맞은 거로구나."[8]

혼자 살다 아무도 모르게 죽는다

"이 곳 분위기는 마치 무덤 같아요. 아파트에서 흔한 층간소음도, 놀이터에서 뛰노는 아이들도 없으니까요. 주민들 대다수가 혼자 살지만, 옆 집에 누가 사는 지 관심도 없어요. 다들 죽는 날만을 기다리는 느낌입니다."

서울 강서구에 있는 임대 아파트단지에 거주하는 장모(76)씨는 자신이 사는 아파트를 '무덤'이라고 묘사했다. 노령인구가 모여 사는 이곳 임대 아파트는 60대 이상 1인 가구 비율이 높은 곳 중 하나다. 장씨는 "한 두 달에 한 번씩은 혼자 살다가 아무도 모르게 죽었다는 소문을 듣게 된다. 나 역시도 그런 날만을 기다리면서 사는 것 같다"고 털어놨다. 이곳에서 5년간 경비 일을 해왔다는 70대 경비원은 "옆 집에서 악취가 난다는 민원에 가족들을 수소문해서 문을 열어보면 사람이 죽어있는 일을 수도 없이 지켜봤다. 주민들 간 교류도 없고, 가족들도 잘 오가

---

8) 임철우, 『연대기, 괴물』,「세상의 모든 저녁」, 문학과지성사, 2017년, 140-142쪽

지 않으니 외롭게 죽음을 맞이한다"고 전했다.9)

핵가족 시대를 거쳐 급속한 고령화 시대를 맞이하면서 독거노인 숫자가 증가하고 있고 1인 가구 역시 계속 증가추세에 있다. 통계청의 '한국 사회 동향 보고서'에 따르면, 전체 가구는 1990년 1,135만, 2010년 1,733만, 2015년 1911만, 2021년 2144만으로 늘어났다. 1인 가구도 2015년 520만, 2017년 561만, 2019년 614만, 2021년 716만 6000가구로 늘어나 33.4%에 달했다.

1인 가구 증가는 우리나라만의 현상은 아니다. 핀란드(47%), 스웨덴(45.4%), 독일(42.1%), 일본(38%), 프랑스 (37.8%).10) 1인 가구가 증가하면서 아무도 모르게, 조용히 죽어가는 사람들이 매년 늘어나고 있다. 보건복지부는 2022년 12월14일 처음으로 '고독사 공식 통계'를 발표했다. 2021년 고독사 사망자는 3378명으로, 5년 전인 2017년에 비해 40% 증가했다. 최근 1인 가구가 늘어나면서 죽은 지 6개월 지나 발견되는 고독사 관련 보도가 계속 이어지는 등 고독사 발견사례가 확산일로에 있다.

고독사 위험군 152만명

'고독사 위험군'으로 추정되는 국내 인구가 152만 명 넘는다. 2023년 5월8일 보건복지부는 '제1차 고독사 예방 기본계획(2023~2027년)'을 발표했다. 한국리서치가 2022년 11~12월 무작위로 추출한 1인 가구 9471명 가운데 ▶일주일간 사회적 교류 횟수 1회 이하 ▶하루 평균 식사 횟수 1회 ▶몸이 아플 때 도와줄 수 있는 사람 없음과 같은 10개 질문을

---

9) 중앙선데이 2023년 1월7일
10) 중앙선데이 2023년 4월22일

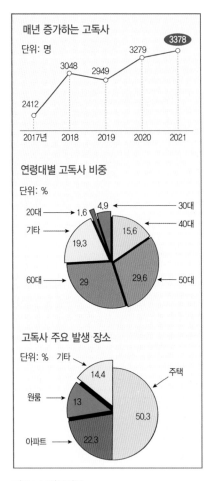

매년 증가하는 고독사
단위: 명

2017년 2412
2018년 3048
2019년 2949
2020년 3279
2021년 3378

연령대별 고독사 비중
단위: %

20대 1.6
30대 4.9
40대 15.6
50대 29.6
60대 29
기타 19.3

고독사 주요 발생 장소
단위: %

주택 50.3
아파트 22.3
원룸 13
기타 14.4

자료: 보건복지부

통해 고독사 위험군을 선별했다. 그 결과 대상자 21.3%인 2023명이 고독사 위험군으로 조사됐다. 전국 1인 가구 수 716만 6000명에 적용하면 고독사 위험군은 152만5000명으로 추정된다. 전체 인구 대비 3%, 1인 가구의 21.3%에 해당한다. 고독사 위험은 50대가 가장 컸다. 1인 가구 중 고독사 위험군 차지 비중은 50대가 33.9%(37만3000명)로 70대 이상(16.2%·21만 명)보다 더 높았다.[11]

2022년 복지부의 첫 실태조사에 따르면 최근 5년 동안 고독사로 숨진 사람은 1만5066명. 남성(84.2%)이 여성보다 5배 이상 많았고, 50~60대가 절반 이상(58.6%) 차지했다. 50·60대 남성은 건강관리와 가사노동에 익숙지 못하며, 실직·이혼 등으로 삶의 만족도가 급격히 감소한다. 중장년층 남성들은 이혼, 실직 등을 겪으며 실패자로 낙인 받을 수 있다는 생각에 본인의 문제를 밖으로 드러내는 것에 거부감을 느낀다. 타인과

---

11) 중앙일보 2023년 5월19일

의 교류도 꺼리고, 이웃과의 소통도 피하다 보니 상태가 걷잡을 수 없이 심각해진 다음에 포착되는 경우가 많다. 고독사는 사회적 타살에 가깝다. 수명은 늘었지만 노후 준비는 안 돼 있고 1인 가구 증가로 개인은 점점 파편화되고 있다. 공동체의 붕괴는 사회의 연대를 무너뜨리고 약자들의 고립을 부추긴다. 따라서 고독사는 개인의 문제가 아니라 구조적 고립이 낳은 사회적 질병이다.

현직 경찰의 저서 『고독사는 사회적 타살입니다』

권종호 경위는 2005년 국가유공자의 참혹한 고독사 현장을 처음 접한 이후 고독사 예방을 위해 헌신하고 있다.[12] 그는 고독사 현장에서

---

12) "임대아파트 5층을 한 순간에 뛰어올라 문 입구에서 서성거리고 있는 사람들을 밀친다....10여 평 작은 임대 아파트의 출입문이 열리는 순간 입구부터 진동하는 냄새가 집 안의 사정을 알려준다. 한 두 번도 아닌데 출동할 때마다 헛구역질이 올라온다. 집주인은 외부인의 출입을 쉽게 허락하지 않으려는 듯 작은 복도를 쓰레기 산으로 만들었다. 한 발 한 발 쓰레기를 치우며 싱크대를 지나 거실 겸 방에 도착한다....집주인은 이불을 덮고 잠을 자고 있는 듯하다. 외관은 부패로 인해 거인의 형상이 되었다. 이불을 걷어내자 기다렸다는 듯이 수천 마리 구더기가 세상 밖으로 나오기 위해 꿈틀거린다. 구더기에서 진화한 파리는 쉬지 않고 날아다닌다. 법의학적으로 볼 때 사망시간은 15일이 넘은 것 같다. 집주인의 손끝에는 휴대폰이 열려 있다. 그러나 집주인의 곁을 지켜주는 사람은 없었다. 마지막으로 집주인은 자신의 죽음을 알리기 위해 송장 썩는 냄새로 주변에 도움을 청한 것이다....80세가 넘으신 어르신이다. 거실 서랍 속 손수건은 뭔가를 소중하게 싸매고 있었다....화랑무공훈장!....망자에게는 외동아들이 있었다. 아들은 형사계 사무실에서 아버지 신분증을 담담하게 건네받고, 뒤도 돌아보지 않고 나가버렸다.....이 시대의 영웅, 암울한 현실. 이것이 그 분 혼자만의 현실일까?" (권종호, 『고독사는 사회적 타살입니다』, 산지니, 2023년, 30-

직접 목격하는 안타까운 현실을 모른 척 할 수 없어 자기 스스로 앞장 서게 되었다. 누구라도 고독사 현장을 보면 이런 마음이 들 수밖에 없다 는 것이다. 권 경위는 퇴직 이후에도 고독사 해결에 도움을 주고 싶다고 한다.[13]

> "어떻게 죽는 것이 삶을 아름답게 마무리하는 좋은 죽음인 지 아는 사람 이 없는 것 같다. 또한 그것을 실천하는 사람도 없는 것 같다. 죽음은 삶의 마지막을 정리하는 장이다. 어떻게 생애를 깔끔하게 정리하였는가에 따라 인생의 마지막 장을 아름답게 장식할 수도 있고 그렇지 않을 수도 있다. 고독사는 죽음 뒤에 많은 문제를 남긴다. 가족이나 지인, 이웃들에게 지울 수 없는 정신적 충격을 남기기도 한다. 사랑하는 사람에게 상처를 남기고 떠나고 싶은 사람은 없을 것이다. 죽음은 누구도 피할 수 없지만 고독사는 피할 수 있다."[14]

명문대학 가서 박사학위까지 받은 친구 가 이혼하고 회사도 퇴직하고 혼자 살더니 우울증에 걸렸다. 권 경위는 친구와 함께 고독사 현장을 찾아가서 아무 말 없이 현장 의 유품을 정리하고 특수청소도 했다. 청소 도중 친구가 보이지 않아 찾아보니 옥상에 서 혼자 울고 있었다. 이런 일 이후 친구는 우울증도 치료하고 자신의 전공에 맞는 일

35쪽
13) 경향신문 2023년 3월9일
14) 권종호, 같은 책, 10-11쪽

을 하게 되었다. 고독사 현장에서 특수 청소를 직접 하면서, 삶과 죽음의 의미를 생각하게 했던 게 친구의 자살을 막았다고 그는 말한다.[15]

스티브 잡스 "죽음, 삶의 최고 발명품"

스티브 잡스는 2005년 6월12일 스탠포드대 졸업식 축하연설에서 자신의 삶과 죽음에 대해 말했다. 그는 리드 칼리지에 입학한 지 6개월 만에 자퇴했다. 생모는 대학원생으로, 젊은 미혼모였다. 그는 입양되어 대학에 들어갔다. 하지만 노동자 양부모가 모아둔 돈이 모두 학비로 들어갔기에, 그는 결국 자퇴했다. 그는 17살 때 이런 경구 읽은 적이 있다. "매일 인생의 마지막 날처럼 산다면 언젠가는 의인이 되어 있을 것이다." 감명 받은 그는 이후 지난 33년간 매일 아침 거울을 보면서 자신에게 묻곤 했다. "오늘이 내 인생 마지막 날이라면 지금 하려고 하는 일을 할 것인가?" 며칠 연속 'No'라는 답 얻을 때마다 변화가 필요하다는 걸 알게 된다.

"누구나 언제든지 죽을 수 있다"는 생각은 그가 중요한 결단을 내릴 때마다 가장 중요한 기준이었다. 모든 외부의 기대, 자부심, 수치스러움과 실패의 두려움은 '죽음' 앞에선 모두 떨어져나가고 오직 중요한 것만 남는다. 죽음을 생각하는 것은 무언가 잃을 지 모른다는 두려움에서 벗어나는 최고의 길이다. 누구나 죽는다. 그러므로 마음 속으로 진정 원하는 대로 살아야 한다고 그는 강조한다.

또 그는 2004년 암 진단을 받았다. 췌장에 악성 종양이 보였다. 의사들은 치료할 수 없는 암이라 했다. 3개월에서 6개월밖에 살 수 없었다.

---

15) 권종호, 같은 책, 182쪽

주치의는 집으로 돌아가 신변정리를 하라고 했다. 어느 날 저녁 내시경을 넣어 위장을 지나 췌장에서 암세포를 채취하는 조직검사를 했다. 의사들이 현미경으로 세포를 분석하면서 갑자기 울먹거리기 시작했다고 나중에 들었다. 치료가 가능한 매우 희귀한 종류의 암이어서 수술을 받았고 완치되었다. 이런 경험을 해보니, 머리로만 알고 있을 때보다, 더 자신있게, "죽음은 우리 모두의 숙명"이라고 말할 수 있게 되었다고 그는 말했다. 누구도 죽음을 피할 수 없다. 삶이 만든 최고의 발명이 '죽음'이라고 그는 단언한다. 죽음은 삶을 대신하여 변화를 만들어내기 때문이다.

'내가 죽고 싶은 자리'

– 박노해

사람들은 흔히 말한다
하루하루 살아간다고

그러나 실은 하루하루
죽어가는 것이 아닌가

우리 모두는 결국
죽음을 향해 걷고 있다

언젠가 어느 날인가
죽음 앞에 세워질 때

나는 무얼 하다 죽고 싶었는가
나는 누구 곁에 죽고 싶었는가

내가 죽고 싶은 자리가
진정 살고 싶은 자리이니

나 지금 죽고 싶은 그곳에서
살고 싶은 생을 살고 있는가

도쿄 도시마 구청, 슈카쓰終活 안심 센터 개설

"자신이 세상을 떠났을 때 뒷일을 처리해 줄 분의 연락처 등을 미리 알려주시면, 구청이 정보를 보관해드립니다. 그 날이 실제로 닥쳤을 때, 배우자나 자녀가 없어도 본인이 원하는 대로 처리하겠습니다."

도쿄 이케부쿠로池袋 중심에 있는 도시마 구청은 2022년 4월 '슈카쓰 終活 정보 등록'을 위한 창구를 개설했다. '슈카쓰'란 고령자가 직접 인생 말년과 임종을 준비하는 행동 일체를 가리킨다. 도시마구에 사는 65세 이상 노인 누구나 긴급 연락처와 장기·시신 기증 여부, 유언장 보관 장소 등을 구청에 등록할 수 있다. 등록을 증명하는 스티커·카드도 발급해 구급대원이 확인 후 구청에 연락하도록 했다. 구청은 본인이 사망하면 미리 등록된 사람에게 정보를 공유해 고인이 원하는 대로 뒷일을 처리한다. 슈카쓰 정보 등록이 시행된 건 도쿄 23구 중 도시마구가 처음. 혼자 사는 고령자 비율이 도쿄 전체 평균보다 10%포인트 이상 높은 지역인 데다, 도쿄라는 대도시 특성상 자녀·배우자도 없는 경우가 많아 구청이 발 벗고 나섰다.[16]

도시마구는 2021년 2월엔 '슈카쓰 안심 센터'라는 슈카쓰 전용 상담 창구도 개설했다. 코로나가 확산하는 와중에 1000명 넘는 노인이 이용했다. 코로나 시국이었기 때문에 슈카쓰 상담 수요가 높아졌다. 유명인이나 주변 지인들의 갑작스러운 임종 소식이 계속 들려오고, 집에서 혼자 생각하는 시간이 늘어나면서 '임종 방식과 사후 처리'를 고민하는 사람도 늘었다. 코로나 팬데믹을 거치면서 '어떻게 죽을 것인가'에 대한 생각과 성찰, 고민이 일본 사회에 더욱 깊게 퍼졌다. 일본인들의 통상적

---

16) 조선일보 2022년 5월18일

인 슈카쓰는 자산 내역과 상속·처분 방식, 희망하는 장례 절차, 간병·연명치료·유언장 관련 정보 등을 한 곳에 적어두고 이를 공유하는 게 기본이다. '집 정리'도 핵심 중 하나다. 쓰지 않는 가구·옷 등의 물품을 최대한 정리해 유품 정리 부담을 덜어주는 것이다.[17]

고독사, 두 가지 방식으로 해결책 모색

고독사 예방은 1) 고독, 2) 죽음, 두 가지 관점에서 접근할 수 있다. 1) 고독의 경우, 1인 가구 증가로 가족 공동체가 약화되거나 혹은 해체되고 있다.[18] 경기도 남양주시는 올해부터 행정복지센터, 지역단체 등과 함께 '고독사 예방체계'를 구축했다. 주5회씩 위기가구를 방문하고, 원격생체감지 시스템으로 매일 모니터링했다. 그 결과 2022년 5명이었던 고독사가 2023년은 한 건도 나오지 않았다.

1인 가구가 시간이 지날수록 증가하고 고독사 위험군도 갈수록 늘어날 것으로 예상되므로, 우리 사회는 보다 체계적으로 고독사 예방체계 구축을 모색해야 한다. 전국의 동사무소에서 '웰다잉 지원센터'를 만들어 1인 가구의 고독사 예방 위해, 일상생활과 의료 지원 등 생전 돌봄, 장례와 유산 처리 등 사후 관리 등에 관한 등록 제도를 시행하는 게 어떨까? 동사무소 대신 '케어 협동조합'에 맡기는 것도 방법이다. 지역의 5060세대가 2030 세대와 함께 '케어 협동조합'을 운영하면 새 일자리도 생기게 된다. 협동조합을 중심으로 새로운 지역 공동체 형성을

---

17) 조선일보 2022년 5월18일
18) 46쪽 "삶의 가치 1위 응답도 경제적 능력", 53쪽 "도움 받을 가족, 친구 있는가? OECD 가입국 중 한국 꼴찌" 참조

위해 다양한 활동을 전개하는 것이다.

2) 죽음의 경우, 일본도 코로나 유행을 거치면서 '어떻게 죽을 것인가'에 대한 성찰과 고민이 폭넓게 확산되었다. 저자가 2007년 서울에서 '웰다잉 체험교실'을 운영하면서 죽음 대신 '웰다잉'을 사용하였다. 이제 15년 이상 지난 지금 우리 사회도 웰다잉, 아름다운 마무리에 대한 관심이 점점 커지고 있다. 웰다잉은 고독사 예방에도 기여할 수 있다. 아무 준비 없이 혼자 죽지 말고 평소에 죽음을 준비하고 자기 삶을 잘 마무리할 수 있도록 '웰다잉 사회운동'을 활성화하는 것이다. 전국에서 동사무소와 케어 협동조합 통해, 1)과 2)를 유기적으로 결합시켜 운영하면, '웰다잉 사회운동'은 고독사 예방만 아니라 우리 사회 아름다운 마무리 확산, 삶과 죽음의 질 향상에도 기여할 수 있을 것이다.

죽음, 삶의 끝인가? 새로운 시작인가?

죽음이 삶에게 전하는 선물

죽음을 통해 우리는 무엇을 배우게 될까? "우리가 아무렇지도 않게 사는 오늘은, 어제 죽은 사람이 그토록 원했던 눈부신 내일이다." 이 말이 가슴에 와 닿는 건 아마도 죽음이 우리에게 가장 절실한 교훈을 던져주고 있기 때문이 아닐까. 고독한 삶의 마지막 순간에 놓인 사람의 간절한 눈에서 우리는 이 지상에서 우리에게 주어진 시간이 그리 많지 않음을 깨닫곤 한다. 그래서 옷깃을 여미고 주위를 돌아보며 "과연 내가 잘 살고 있는 지" 자신에게 진지한 물음을 던지게 된다. 죽음은 이렇게 삶을 경건하게 하고, 진지하게 하고, 충만하게 하는 절절한 울림을 우리에게 전해준다.

우리는 모두 죽을 수밖에 없다. 또 죽음은 순서를 기다리지 않는다. 불쑥 고개를 내밀고 매정하게 내 손을 낚아채 건널 수 없는 강을 건너게 만들 지도 모른다. 그래서 죽어가는 사람들로부터 배우는 가장 큰 교훈은 "오늘 이 순간이 너무나 소중하다는 것"을 가슴으로 느끼게 되는 것이다. 우리는 "지금 이 순간 어떻게 살아야 하는가" 깊이 고민해야 한다. 그토록 눈부신 오늘을 그리워하던, 어제 떠난 사람들은 우리에게 지금 이 순간을 가슴 뛰게 살라고 말한다. 삶이 자신에게 준 사랑과 일, 즐거움, 기쁨, 아픔의 순간순간을 있는 그대로 후회 없이 느끼며 살라고 이야기한다. 죽음을 염두에 두지 않고 살면 사는 게 너무 지루하고 의미 없다고 생각할 수가 있다. 많은 재산을 챙겨도, 세상이 부러워하는 지위에 올라도, 누구도 따라올 수 없는 전문가의 반열에 올라도, 자기 자신이 의미를 찾지 못한다면 즐겁지가 않다.

하지만 죽음의 순간에 이른 사람들을 만나 간절한 바람을 들으면, 우리가 진정 소중하게 느끼며 살아야 할 것들이 무엇인 지 제대로 깨닫게 된다. 죽음의 순간을 맞은 사람들의 가르침은 위대한 성현의 말씀이나 거룩한 종교의 가르침보다도 훨씬 가치 있는 교훈을 전해줄 때가 많다. 그들은 몸소 육성肉聲을 통해서, 살면서 가장 소중한 것이 무엇인가에 대해 우리를 일깨우곤 한다. 우리는 죽음에 직면하는 순간, 지금까지와는 전혀 다른 눈으로 삶을 바라보게 된다. 비록 늦긴 했지만 '소중한 삶'에 대한 인식을 확실히 깨닫게 되는 것이다. 그래서 불치의 병을 앓다가 기적적으로 소생한 사람들이나 죽음의 문턱에서 간신히 살아난 사람들은, 그 전과는 전혀 다른 '삶의 방식'이나 '베푸는 삶'을 실천에 옮기곤 한다. 하지만 대부분 평범한 사람들은 그저 그렇게 자기 앞의 생을 방관하며 살곤 한다. 누구에게나 주어진 삶의 시간은 공평하게 분배되어 있다. 문제는, 기적 같은 삶을 스스로 가꾸는 가슴 뛰는 삶을 살 것인 지, 지금의 삶이 기적 같은 삶인 줄 모른 채 무덤덤하게 시간을 죽이며 살 것인 지, 선택하는 일이다.

우리는 살면서 어떤 자세로 인생의 의미를 가꾸어 나가야할까? 해답은 각자의 삶의 태도에 따라 다를 수밖에 없다. 하지만 공통적인 게 있다면 그것은 바로 죽음 직전의 순간을 살아가듯이 삶을 영위하라는 것이다. 사실 우리 삶이 이렇게 늘 부족하게 여겨지는 것은, 죽음을 의식하지 않고 삶만을 생각하는 데 그 원인이 있다. 우리는 모두 철저하게 외롭고, 아무것도 할 수 없을 만큼 무기력하고, 남 앞에 고개를 들 수 없을 만큼 부끄러운 존재들이다. 하지만 죽음이야말로 이렇게 외롭고, 무기력하고, 부끄러운 우리의 모습을 솔직하게 인정하게 만든다. 죽음이라는 별로 달갑지 않은 상황에 이르러야 비로소 우리는 가장 행복하고 가치 있는 삶의 모습이 어떤 것인 지 깨닫게 된다. 언제 죽을 지 모르는 인간으로서, 결국 당신이 살아가고 있는 이 순간이 모여 당신의 삶이 된다. 지금 이 순간을 당신이 자랑스러워하든 부끄러워하든, 이런 순간순간이 모여서 당신의 인생이 된다. "간절히 하고 싶었던 일들을 지금 후회 없이 하면서 살라!" 이것만이 죽음이 삶에게 주는 가장 소중한 부탁이다.

왜 나라고 죽어서는 안 되는가?

문제는 죽음이 아니다. 죽음을 바라보는 우리의 시선, 삶을 살아가는 우리의 방식이 문제다. 삶과 죽음을 바라보는 방식에 문제가 있으면 우리는 죽음으로부터 자유롭지 못하다. 죽음의 방식이 편안하지 못한 것은 바로 삶을 여유있게 살지 못했기 때문이다. 삶이 이미 종착역에 다다랐음에도 불구하고 더 살아보겠다고 아등바등 안달을 떨어봐야 아무런 소용도 없다. 어차피 떠날 사람이라면, 이젠 헤어져야 할 시간이라면, 죽음은 끝이 아니기에 가벼운 마음으로 먼 여행길 떠날 채비를 하는 것이 훨씬 현명하다.

고통 혹은 죽음을 겪을 경우, 무엇 때문에 어떤 사람은 한층 성숙해지고, 어떤 사람은 더 초라해지는 것일까? 가장 중요한 차이는 바로 죽음이든 고통이든 그것을 직시하여 있는 그대로 인정하는 지혜를 갖추었는 지 여부에 달려 있다. "왜 나만 죽어야 하는가?", "왜 나만 고통을 받아야 하는가?" 이렇게 생각하는 사람은 죽음이나 고통이 바로 삶이 존재하는 방식임을 바르게 이해하지 못하는 사람이다. 누구나 죽을 수밖에 없고, 누구든지 고통을 당하기 마련이다. 하지만 "왜 나만 고통이 없어야 하는가?", "왜 나라고 죽지 말라는 법이 없지 않은가?" 이런 반응 속에는 이미 자신의 죽음을 인정하겠다는 결연한 의지와 삶에 대한 달관이 담겨 있다.

우리가 죽음의 순간을 맞이했을 때 필요 이상으로 깊은 절망과 고뇌에 빠지게 되는 것은 아마도 '죽으면 모든 게 끝'이라는 확인할 수 없는 막막한 상실감 때문일 것이다. 여기에는 '좀 더 살고 싶다'는 인간의 나약한 모습, "죽음 이후의 세계가 어떤 것인 지 알 수 없다"는 원인 모르는 공포심이 많이 작용한다고 볼 수 있다. 우리는 삶이건 죽음이건 간에 영원할 수 없다는 것만 알 수 있다면 이처럼 뿌리 깊은 절망감에 빠지지는 않을 것이다.

아프리카를 대표하는 작가, 벤 오크리가 2011년 서울 국제문학 포럼 참가 위해 한국을 방문했다. 나이지리아 태생인 그는 영국에서 대학을 졸업하고 고국으로 돌아가 내전을 겪었다. "인간 삶의 정수는 고통을 견디고, 극복하고, 변화시키고, 창조하고, 사랑하는 과정을 거쳐 마침내 고통 보다 내면은 더 커질 수 있다." 전쟁이라는 끔찍한 고통을 겪은 사람으로, 그 후유증을 극복하려고 노력한 사람이었기에, 고통에 대한 그의 언급은 한층 진실하게 다가왔다. 고통과 깊은 우울이 지나갔을 때, 삶의 의미와 인간적 성숙이 남을 것이다.[19]

죽음, 삶의 자연스러운 과정

우리는 아무런 근거도 없이 죽음 이후의 세계는 엄청난 상실이고 고통이라고 간주한다. 영원히 살고자 하는 염원은, 이 세상을 안전한 현실이라고 애써 믿고 싶고, 죽음은 한사코 외면해버리고 싶은 불확실한 미래라고 생각하는 데서 나온다. 하지만 우리가 삶에서 만나는 여러 변화들처럼 죽음도 처음엔 낯설고 받아들이기 힘든 상황이지만, 자꾸 익숙해지고 깊이 사귀면 삶의 자연스러운 과정에 속하는 일상적인 어떤 계기임을 알 수 있다. 우리는 지금 살고 있는 이승의 삶이 있고, 한편으론 이제껏 경험한 바 없지만 또 다른 세계가 있음을 분명히 의식해야 한다.

'잘 먹고 잘 사는 법'을 아무런 거리낌 없이 주문처럼 외워대는 요즘, 우리는 행복한 삶을 위해서 죽음을 공부하고 이해해야 한다. 그 출발점은 바로 '나는 언제나 어디서나 죽을 수 있다'는 사실을 받아들이는 것이다. 그 순간부터 당신의 삶은 지금까지와는 전혀 다른 세상이 펼쳐질 것이다. 내가 곧 죽을 수도 있다면, 지금부터 몇 분 후 죽을 수밖에 없다면? 그땐 아마도 당신이 움켜쥐고 있었던 탐욕과 재산, 출세와 명예 등 모든 욕망의 실체들을 내려놓고 움츠러들었던 마음을 활짝 펴게 될 것이다. 우리 인생을 행복으로 채우기 위해서는 허기진 욕망에 자신의 소중한 마음을 소진하지 말고, 귀하고 아름다운 사랑과 존중의 마음을 주변 사람들에게 베풀어야 한다. 그래야만 이 생을 지나 다음 생에도 더욱 가치 있고 기품 있는 영적인 삶을 살 수 있지 않겠는가.

---

19) 동아일보 2013년 2월19일

평온한 죽음, 삶의 최대 성취

우리가 이 세상에 태어나 살아가는 과정은 곧 영혼을 성숙시키는 과정이다. 고통은 우리의 영적인 성숙을 위해 설정된 기회이며, 죽음은 삶 속에서 얼마나 성숙했는 지 시험해보는 관문이다. 그래서 '죽음은 성숙의 마지막 계기'라고 말하는 것이다. 죽음을 수용하지 않는 사람은 죽음 뿐만 아니라 삶으로부터 아무것도 배우지 못한다. 붓다도 말씀하시지 않았던가. "인간에게 아무런 어려움도, 아무런 고통도 없다면 내적인 강인함과 참고 기다리는 마음을 키울 수 없고, 성숙한 정신과 미래에 대한 비전도 바랄 수 없다."

우리가 수행을 하는 이유도 바로 죽음 준비, 즉 삶의 준비에 있다. 갑자기 죽음이 찾아오더라도 담담하게 평온한 마음으로 죽는 것이야말로 우리가 삶에서 이룰 수 있는 최대의 성취이다. 어떤 수행자가 아무리 열심히 마음 수행을 닦았다 해도 담담하게 죽지 못한다면, 그는 헛고생했다고 단정해도 된다. 평소 죽음을 삶의 자연스러운 과정으로 수용하고 인간다운 삶과 존엄한 죽음에 대한 성찰을 계속하여 삶과 죽음을 바르게 이해하고, 보다 의미 있게 삶을 영위하다가 여유 있고 편안하게 죽음을 맞이하는 것, 인간이라면 누구나 해야 할 일이다.

사실 죽음을 제대로 이해하는 것은 사람들에게 그리 쉬운 일은 아니다. 죽음을 겪어본 사람이 거의 없는데다가, 누구로부터 어떻게 죽음을 배울 수 있을 지, 누가 죽음을 제대로 자신 있게 가르칠 수 있을 지 의문이다. 그러므로 죽음을 이해하는 일은 개인에게만 맡겨둘 일이 아니라 사회적 차원에서 이루어져야 한다. 죽음을 올바르게 이해하고 평소 죽음 준비를 하는 사람이 많을수록 자연히 자살이라는 사회 문제도 줄어든다. 성숙한 죽음문화의 부재가 자살자 증가의 근본원인이기 때문이다. 그러므로 죽음 준비 교육은 사회적 차원에서 자살 예방에도 큰 기여를 한다.

말기환자에게 어떤 희망을 줄 수 있을까?

"죽음이 가까운 환자에게 절망적인 진실을 알리면서도 희망을 말할 수 있는가." 죽음을 앞둔 말기 환자들에게 가장 커다란 축복은 바로 희망을 갖는 것이다. 말기 환자들에게 희망을 줄 수 있으려면 희망의 근거가 뚜렷해야 한다. 죽음 앞에서도 희망을 가질 수 있으면, 그 희망으로 자신의 삶과 죽음을 더 의미있게 만들 수 있으며, 남겨진 시간의 많고 적음에 영향을 받지 않게 된다.

'죽으면 끝이다', '아무것도 남지 않는다'고 생각하는 사람은, 자기 생각에 반대하는 사람에게 '그렇지 않다'는 것을 과학적으로 증명해보라고 요구한다. 똑같은 이유에서 '죽으면 끝'이라는 주장도 과학적으로

유진 스미스의 사진 '장례식 전야'(1951)
검은 색 양복을 입은 노인이 침상에 누워있고, 가족과 친지들이 다소 염려하는 표정으로 그의 임종을 지켜보고 있다. 침상 옆에 쪼그리고 앉아 임종의 시간을 지켜보고 있는 사람들의 표정에 아쉬움이 담겨있지만, 죽음을 자연의 순리로 받아들이는 분위기가 엿보인다.

증명할 수 없기는 마찬가지이다. 죽으면 끝이라는 것을 과학적으로 증명할 수 없음에도 불구하고, 죽음 이후에는 아무것도 없다고 단정내린 사람이, 죽은 이후에 예상하지 못한 새로운 현상을 겪게 될 때 얼마나 당황하게 될까. 인간의 몸과 마음을 현재의 기계론적 사고방식으로 이해하기에는 여러 가지 한계가 많다. 그러다 보니 보이지 않는 영역인 인간의 정신세계와 정신질환을 해결하기가 쉽지 않다. 현대 과학과 의학은 일반인들이 생각하는 것보다 훨씬 불완전하고 부족한 상태에 머물러 있다. 현대인들은 무조건 실험과 관찰을 통해 자료를 얻어야 하고 그것을 분석해 결론을 내어야 과학적 지식이라고 믿기 때문에, 실험과 관찰이 어렵거나 불가능한 영역에서 누구나 인정할 수 있는 과학적 자료가 나오기란 쉽지 않은 일이다.

죽으면 다 끝나는가?

만일 죽음에 의해 모든 것이 무無로 귀결된다면, 우리가 이 세상에서 삶을 영위하는 것도 결국 부조리라는 결론을 피할 수 없다. 죽음에 아무런 의미도 없고 죽음에 의해 모든 것이 종결된다면, 확실히 산다는 것 또한 무의미하게 되고 만다. 죽음을 통해 새로운 삶으로 들어간다고 생각한다면, 지금 삶의 고통도 결코 쓸데없는 것은 아니게 된다. 죽음은 끝이 아니고 영적 성숙의 마지막 단계이므로, 우리가 죽음의 고통을 겪는 것도 나름대로 의미가 있을 것이다.

그래도 여전히 죽음이 끝이 아니라는 사실을 믿을 수 없다고 반신반의하는 사람이 있을 수 있다. 미국 예일대의 셸리 케이건(Shelly Kagan)이 1995년부터 시작한 철학 강의 'DEATH'는 아이비리그를 대표하는 3대 명강의로 꼽힌다. 『죽음이란 무엇인가』에서 그는 주장한다.

"죽음은 육신을 파괴하지만 그 이후에도 계속 살아남을 수 있다고 말하는 사람이 있다. 하지만 이 책에서 나는 영혼은 없다고 주장한다. 나는 죽음을 바라보는 이와 같은 견해가 잘못되었다는 것을 보여주겠다."[20]

과연 그럴 수 있을까? 케이건은 이 말에 책임을 질 수 있을까? 철학 교수인 그는 죽음을 직접 체험하지 못했으며, 또 책 속에 적혀 있는 죽음만 알고 있을 뿐 죽음과 직접 연결된 연구를 진행하지 못했으므로, 죽음을 얼마나 알고 있는 지 의심스럽다. 더구나 철학 문헌은 죽음을 다양하게 말하고 있어서 갈피를 잡기 힘들다. 이처럼 문헌과 이론을 중심으로 하는 연구는 죽음 현장과 괴리될 수밖에 없다. 죽음을 잘 아는 것처럼 말하는 케이건, 그러나 놀랍게도 그는 똑같은 책에서 죽음을 모른다고 솔직하게 말하고 있다.

"물론 우리는 죽음을 알지 못한다."[21]
"육체적 죽음 이후 나는 계속해서 존재할까? 우리는 이 질문에 대해 정답을 갖고 있지 않다."[22]

죽음을 모르면서 왜 영혼은 없다고 단정적으로 말하는가? 케이건은 자기 말에 책임을 져야 할 것이다. 대다수 사람들은 죽음을 충분히 알지 못하면서, 마치 잘 아는 것처럼 '죽으면 다 끝난다'고 섣부르게 단정하다가, 죽은 뒤 끝이 아니라면 얼마나 당황하게 될까? 죽음을 모르면서 잘 아는 것처럼 말하는 대신, 차라리 죽음을 모른다고 하는 것이 현명하

---

20) 셜리 케이건, 박세연 역, 『죽음이란 무엇인가』, 엘도라도, 2015년, 10-11쪽
21) 셜리 케이건, 같은 책, 10쪽
22) 셜리 케이건, 같은 책, 22-23쪽

지 않을까?

죽음 이해, 설명이나 설득의 문제가 아니다

사실 죽음이 끝이냐, 아니냐 하는 문제는 제3자에 의해 설명되거나 설득되는 문제가 아니다. 자기의 삶과 죽음이 아닌가. 많은 시간을 두고 스스로 사색해보고 심사숙고해서 어떤 결론을 얻을 수 있다. 스스로 확신하게 되기까지 적지 않은 시간이 필요하므로, 조급하게 생각할 필요가 없다.[23) 인생이란 길이 너무나 막막해 허무하다고만 느껴진다면, 인생의 여행은 목적을 잃게 된다. 그러나 죽음에 의미가 있다면, 고통이 많은 인생길도 깊은 의미를 가지게 된다. 결국 영원한 생명이란 미래와 관련된 문제가 아니라 지금 바로 이곳에서의 인생과 관련된 문제이기 때문에 더 중요하다. 사후의 삶에 대한 믿음이 현재의 인생에도 상당한 영향을 미친다는 것은 생사학이나 영적인 지도자들이 내리는 한결같은 결론이다.

과학은 눈에 드러나는 현상계의 지식을 추구한다. 과학은 인간이 현상계 속에서 지식을 형성하고 지식을 찾아나가는 방식이다. 지금까지의 성과만으로도 과학은 그 가치를 충분히 인정받아야 하지만, 과학이 인류 생활의 전체를 규정할 수는 없다. 과학은 실험과 증명에 의해서 논리적으로 확인되는 지식만을 받아들인다. 이것은 과학의 최대 강점인 동시에 또한 한계이기도 하다. 과학은 문학과 예술, 종교와 같이 추상적이고 확인되지 않으며 논리적 비약이 인정되는 진리를 받아들이지 않는다.

---

23) 오진탁, 『죽으면 다 끝나는가』, 운주사, 2021년 참조

어느 의사의 고백

어느 의사가 진주에서 인턴으로 근무할 때 이야기다. 공사장에서 추락사고로 뇌를 다친 스물여섯 살의 젊은이가 새벽에 응급실로 실려 왔다. 이미 그의 얼굴과 머리는 심하게 손상되어 원래의 모습을 전혀 알아볼 수 없었다. 서둘러 최대한 응급조치를 했으나 살아날 가망성은 없는 것 같았다. 심전도를 체크하는 기계 쪽으로 시선을 돌리는 순간 그의 가슴은 무겁게 가라앉았다. 규칙적이고 정상적인 심장박동이 나타내던 ECG(심전도) 곡선이 갑자기 웨이브 파동으로 바뀌었던 것이다. 힘차고 반복적인, 정상적인 인간의 심장 박동에서 점차 약해지며 그 힘을 잃어가고 있음을 나타내고 있었다. 그것은 곧 죽음이 다가오고 있음을 의미했다. 보통 이러한 ECG곡선이 나타난 이후 10분 이상을 살아 있는 사람을 그는 본 적이 없었다.

그의 운명이 목전에 다가왔음을 느낀 의사는 중환자실을 나와서 기다리고 있는 가족들에게 환자가 운명할 때가 되었으니, 임종을 지켜보라고 했다. 이미 가족들은 어떤 조치(응급소생술)도 포기한 채 그의 죽음을 기정사실로 받아들이고 있었던 상황이었다. 젊은이의 부모님과 친척인 듯한 몇몇 사람들이 슬피 울며 이미 시체나 다름없이 누워 있던 그에게 마지막 작별인사를 고하는 모습을 보며 그는 무거운 마음으로 중환자실을 나왔다. 간호사에게는 심전도 박동이 멈추면 곧바로 영안실로 옮기라고 말했다.

다른 환자를 보고 잠시 후 그 중환자실을 지나면서 의사는 깜짝 놀라지 않을 수 없었다. 한 시간이 지났건만 아직도 그의 심장박동이 느린 웨이브 파동의 ECG를 그리면서 여전히 살아 있는 것이었다. 이런 사례를, 그는 그 이전에도, 그 이후에도 본 적이 없었다. 정말 신기한 일이어서 쉽게 믿을 수가 없었다. 그 날 쏟아지는 응급환자들을 돌보느라 더 이상 그에 대해 생각할 겨를이 없었다. 응급실은 매일 전쟁터의 야전병원 같은 분위기였다. 피곤한 몸을 이끌고 자는 둥 마는 둥 그렇게 그날 밤을 보냈다.

다음 날 아침, 의사는 계속해서 그에 대한 생각이 머리 속에서 떠나지 않아 갑자기 중환자실을 찾아가 보았다. 물론 지금쯤은 아무도 누워 있지 않은 빈 침대이거나 다른 환자가 누워 있으리란 생각으로 그 침대를 찾아갔다. 방에 들어선 순간 그는 다시 한 번 눈을 의심하지 않을 수 없었다. 아직도 그가 누워 있었기 때문이다. 아주 미약하지만, 여전히 끊어지지 않는 ECG 곡선을 그리며 그의 영혼은 아직 그 육신을 떠나지 않고 있었던 것이다. 미약하게 움직이는 ECG 곡선을 본 의사는 무언가를 느꼈다. 웬지 그가 이 세상에서 쉽게 떠나지 못할 어떤 이유라도 있는 것이 아닐까. 과학적, 의학적 상식으로 납득이 가지 않는 사례였다. 의학적 지식으로는 설명할 수 없는, 그 이상의 어떤 존재를 그 순간 무의식 중에 감지한 것 같았다.

하루가 그렇게 지났다. 그의 심전도가 미약한 웨이브 파동을 그린 지 이틀이나 지났다. 다음 날 아침, 의사는 다시 중환자실에 가보았다. 그의 신체는 죽은 것이나 다름없었지만, 영혼은 어떤 이유인 지는 몰라도, 아직까지도 아주 미약하게 이 세상에 머물고 있었다. 심전도를 나타내는 모니터 화면이 그 상황을 보여주고 있었고, 의사의 느낌 역시 이 상황을 뒷받침해주고 있었다.

그 때 갑자기 젊은 여인이 중환자실로 들어왔다. 이제까지 보호자 중에 없었던 여성이었다. 마치 멀리서 갑자기 연락을 받고 급하게 달려온 듯했다. 그녀는 젊은 환자의 부인인 듯했는데, 마치 넋이 나간 사람처럼 환자를 제대로 쳐다보지도 못했다. 창백한 얼굴로 금방이라도 바닥에 쓰러질 것 같았다. 환자의 곁으로 가까이 다가갈 수 있게 의사는 옆으로 비켜 주었다. 젊은 여인은 말없이 눈물을 흘리며 가까스로 침대 옆에 섰다. 바로 그 순간, 갑자기 그의 심전도 파동이 멈추었다. 모니터 화면에서 끊임없이 지속되던 웨이브 파동이 한 순간 사라지고 마치 전원이 꺼진 것처럼 한 줄기 직선만이 화면에 나타났다. 이틀간 미약하게나마 뛰어왔던 그의 심장이 바로 그 순간 멈춘 것이었다. 의사의 가슴은 철렁 서늘해졌다.

이젠 정말 이 세상을 떠난 환자, 바로 그의 곁에 있는 젊은 여성을 남겨두고 중환자실에서 나왔다. 의사는 보호자들에게 그의 임종 소식을 전하고 그녀는 누구인 지 물어보았다. 그녀가 그의 삶을 오늘까지, 정말 믿기지 않을 정도로 심장박동을 연장시켰을 것으로 여겨졌기 때문이다. 그녀는 결혼한 지 겨우 3개월에 접어드는 그의 부인이었고, 그의 아기를 임신하고 있었다고 한다. 의사의 마음속 깊이 형용할 수 없는 감정의 파도가 밀려왔다. 그 순간 의사인 그가 해야 할 행동이 무엇인 지 알아차렸다.

그녀가 중환자실에서 나오기를 기다렸다가 그녀에게 다가갔다. 그가 세상을 떠나기 전, 당신과 뱃속 아기를 만나기 위해 삶과 죽음의 경계선에서 그가 얼마나 사투를 벌이면서 기다렸는 지, 얼마나 힘겹고 가슴 아픈 영혼의 기다림이었는 지 전해주었다. 그리고 그것은 부인과 아기에게 전하는 그의 마지막 메시지, 사랑의 작별인사였다고 말했다. 의사의 말을 듣고 있던 그녀의 눈에서 눈물이 흘러넘치는 것을 바라보면서, 그는 두려움과 함께 어떤 경외심마저 느끼지 않을 수 없었다. 그것은 애절하고 아름다운 사랑을 간직한 영혼이 바로 우리 곁을 떠나는 순간이었기 때문이었다.

이 일을 겪은 이후 그는 영혼의 존재를 믿게 되었다. 영혼의 존재를 믿을 뿐만 아니라 영혼의 존재를 생생히 느꼈고 경험했다. 그리고 영혼의 존재를 이끌어주는 가장 큰 힘이 인간의 사랑이라는 것 역시 알았다. 우리에게 절대적으로 없어서는 안 될 영혼, 사랑의 소중함을 일깨워주기 위해 의사의 길에 들어서는 후배들에게 그는 요즘도 이 이야기를 자주 들려준다.[24]

호스피스 봉사자, 임종 순간 보았다

　죽음의 순간을 접해 보지 못한 대부분의 사람들은 "무슨 말도 안 되는 소리를 하느냐?"며 이상하게 여길지 모른다. 하지만 죽음에 임박한 사람이 이 세상과 저 세상을 동시에 보는 일은 매우 흔하게 일어난다. 장갑을 끼었다 벗으려면 손이 빠져나오는 데 조금 시간이 걸리는 것처럼, 우리 몸에서 영혼이 빠져나갈 때는 대개 2~3일 또는 몇 시간이 소요된다. 그 때 잠깐씩 양쪽 세계를 다 보게 되는 것 같다. 앞에서 인용하였듯이, 대부분의 사람들은 죽기 2~3일 전에 이런 현상을 경험하지만 더러는 그보다 훨씬 일찍부터 이런 경험을 하기도 한다.

　영혼과 같은 보이지 않는 현상은 과학적으로 증명할 수 없지만, 호스피스 봉사자에게는 엄연히 일어나는 현상이다. 건강할 때는 움직이는 몸, 눈에 보이는 세계만을 전부로 착각했더라도, 막상 임종 과정이 시작되어 영혼이 몸에서 빠져나가려 하는 시점이 되면, 서로 다른 두 세계가 함께 보이게 된다. 그리고 손이 빠져나간 장갑이 스스로 움직이지 못하듯이 영혼이 빠져나간 몸도 더 이상 움직이지 못하게 된다. 그러면 우리는 그 몸을 '시신'이라 부르면서 수의를 입혀 장례를 치르게 된다.

---

24) 유튜브 동영상 "어느 의사의 고백, 나는 영혼을 믿는다."

영혼이 몸에서 빠져나가는 과정은 대단히 신비롭다. 사람이 임종할 때가 되면 몸이 서서히 기능을 정지하면서 체인-스톡 호흡(Cheyne-Stokes Breathing, 과호흡과 무호흡을 반복하는 것)을 하다가 때가 되면 코로 긴 한숨을 쉬듯이 숨이 빠져나가 버린다. 코로 들어간 생기가 코로 나가는 모습을 목도하노라면 영혼의 존재를 확인하는 느낌을 받게 된다고 한다. 임종 당사자가 마지막 순간 다른 세상의 존재를 보는 모습을 호스피스 간호사는 이렇게 말한다.

"임종 2, 3일 전이 되면 대화 중에도 갑자기 허공 쪽으로 시선을 돌려요. 그리고 그 쪽에 관심을 주다가 다시 대화하는 상황으로 돌아와요. 그동안은 제가 했던 말도 듣지 못합니다. 제가 '무얼 하셨어요?' 하고 물으면 누가 와 있다거나 누구를 보았다고 하지요. 그래서 보이지 않는 세계가 있다는 걸 알게 되지요. 천사나 죽은 사람, 보이지 않는 누군가와 얘기를 나누었다는 분도 있답니다. 학부 시절에 실습을 나갔는데 중환자실이었어요. 어느 날 거기 입원해 있던 한 환자의 생명이 거의 다했다는 조짐이 생명보조장치 등을 통해 나타나기 시작했어요. 호기심이 많았던 저는 사람이 죽는 순간을 목격하고 싶었지요. 교대시간도 마다하고 자리를 지켰어요. 환자는 두 번 급하게 숨을 들이쉬다 잠시 멈춘 뒤 후-욱 하고 내쉬는 체인-스톡 호흡을 끊어질 듯 끊어질 듯 계속하다가, 어느 순간 갑자기 후- 하고 마지막 숨을 내쉬는데, 길게 아주 길게……끝없이…… 꼭 호흡이 아닌 그 무엇이 함께 나간다는 느낌을 확 받았어요. 그 순간 침대 위의 환자 주위로는 아주 희미한 빛이 감싸져 있다가 사라졌어요."[25]

---

25) 『월간조선』, 2000년 3월호, 96~97쪽

"죽은 아내가 밤마다 꿈에 나타났다"

죽으면 다 끝나는가? 이 문제는 사람들이 죽어보지 않았기에, 판단하기 어렵다. 하지만 죽음이 삶의 끝인가, 새로운 시작인가? 이 문제가 죽음 이해에서 관건이 되는데, 실제로 죽어보기 전에는 알기 어렵다. 그래서 다음 사례를 제시한다. 2003년 5월29일 경남 통영 앞 사량도의 울창한 숲에 인적이 없는 곳에서 심하게 부패된 변사체 한 구가 발견되었다. 변사체는 신원을 확인할 수 없을 정도로 부패되었다. 지문도 확인 불가. 변사체의 옷을 무심코 뒤적거리던 경찰은 코트 안에 ○○○라는 이름이 붙어있었다. 희귀성이어서 전산 조회 통해 전국의 ○○○씨 31명과 접촉했다.

이 과정에서 부산의 ○○○씨로부터 "자기 코트를 빌려 입은 언니가 형부와 싸우고 가출했다"는 증언을 확보했다. 남편 강씨의 본적은 바로 사체가 발견된 통영의 사량도였다. 결국 6월2일 강씨로부터 범행 일체를 자백받았다. 사건 경위는 다음 같았다. 2월11일 강씨는 술 먹고 새벽 3시 귀가했는데, 부인 역시 친구들과 술 먹고 새벽 4시 귀가해 싸움이 일어나 부인은 살해되었다. 남편은 시신에 코트를 입혀 고향 사량도 으슥한 곳에 버렸다. 외딴섬 사체 유기라는 방법으로 지난 세 달 동안 수사진을 따돌린 남편 강씨. 그러나 수사진은 감쪽같이 속일 수는 있어도 죽은 아내까지 속일 수는 없었다.

경남 통영경찰서에 검거된 강씨는 범행 이후 겪었던 괴로움을 토로했다. 밤마다 꿈속에 아내가 나타나 강씨는 무척 괴로웠다고 말한다. "사건 이후 밤마다 부인이 꿈속에 나타나 '사랑해, 여기는 너무나 춥다'고 호소했다." 괴로운 강씨는 매일 밤 악몽과 불면증에 시달렸다. 이 때문에 강씨는 하던 일도 그만두고 방황했다. 사체 유기 현장을 다시 방문하기도 했다. 악몽은 여전히 사라지지 않았고 자연히 생활은 술과 여자 뿐이었다. 경찰에서 강씨는 말했다. "순간적으로 화를 참지 못해 이렇게 되었지만, 아내가 밤마다 나타나 많이 괴로웠다. 이렇게 검거되고 나니 차라리 마음이 홀가분하다."[26] 육체가 죽으면 모든 게 끝이라고 한다면, 살해당한 아내의 영혼이 어떻게 매일 밤마다 꿈에 나타날 수 있었을까?[27]

김영우 "죽어도 생명이 끊어지지 않는다"

어떤 60대 남성이 뇌출혈과 심한 폐렴 증상이 있고 신장과 간 기능이 많이 떨어져 위독한 상태로 며칠 버티기 어려운 상황이었다. 최면치료 전문가 김영우(정신과 전문의사)의 책을 좋아했던 아버지를 위해, 딸이 일면식도 없는 김 박사에게 전화했다. "중환자실에 있는 아버지를 만나 말씀을 해달라. 아버지가 돌아가신다 해도 남아 있는 가족은 모두 잘

---

26) 일요신문 2003년 6월15일
27) 이와 유사한 사례가 또 있다. 아내를 흉기로 살인한 남편의 꿈에 숨진 아내가 매일 나왔다. 가정폭력 범죄로 집행유예 기간 중 다시 술을 마시고 흉기를 휘둘러 아내를 살해한 40대 남성이 1심 첫 공판에 나와 "아내가 매일 꿈에 나온다"고 말했다. 2021년 11월16일 제주지법 형사2부(부장판사 장찬수)는 살인 혐의로 구속 기소된 A(44)씨에 대한 첫 공판을 진행했다. 검찰 공소사실에 따르면 A씨는 2021년 10월 4일 오후 5시께 제주 시내 한 빌라에서 아내 B(37)씨를 흉기로 찔러 살해했다. A씨는 귀가가 늦는다는 이유로 피해자와 말다툼을 벌이다 흉기를 가져와 위협하고, 피해자가 현관으로 나가 살려달라고 소리치자 결국 범행을 저지른 것으로 파악됐다. 흉기에 급소를 찔린 피해자는 현장에서 숨졌다. 그는 공소사실을 인정하는가, 라는 재판장의 물음에 '인정한다'라고 짧게 답변했다. 판사가 꿈에 아내가 매일 나오는가 묻자 '그렇다'고 말했다. (뉴시스 2021년 12월16일)

지낼 테니까, 염려하지 마시고 편안히 눈을 감으시라고 말씀해 주셨으면 좋겠다."

일정이 바쁜 김 박사가 고심 끝에 밤 10시가 넘어 병원 중환자실을 찾아 머리맡으로 다가가 귀엣말을 하듯 속삭였다. "제 말이 잘 들리고 뜻을 헤아릴 수 있으면 눈을 한 번 떴다 감아보세요." 그는 눈을 한 번 가늘게 떴다가 감았다. 쇠약한 그가 알아듣기 힘들 것 같아 김 박사는 천천히 한 마디씩 분명하게 발음했다.

> "사람에게 영혼이 있다고 믿으신다면, 지금의 이 상황도 받아들일 수 있을 겁니다. 가족과 헤어진다 해도 언젠가 다시 만날 것이고, 육체의 죽음 이후에도 소멸되지 않는 영혼이 진정한 자신의 모습이라는 것을 기억하셔야 합니다. 제 말에 공감할 수 있고 어떤 결과도 수용할 수 있다면 다시 한 번 눈을 떴다 감아보세요."

그의 말에 다시 한 번 눈을 가늘게 떴다 감았다. 3일 뒤 딸로부터 다시 연락이 왔다. "어제 아버지가 운명하셨다. 주무시다가 편안하게 돌아가셨다. 박사님께서 다녀가신 이후 훨씬 안정된 모습으로 지내셨다. 정말 감사드린다" 28)

교통사고로 죽은 아들, 어머니와 만났다

자녀가 갑자기 죽었을 때 충격은 어머니로서 겪을 수 있는 가장 큰 불행이다. 대학 2학년이던 아들이 늦은 밤 친구와 함께 차를 몰고 나갔

---

28) 김영우, 『영혼의 최면치료』, 238-241쪽

다가 교통사고로 즉사했다. 50대 후반 정인순 씨는 김영우 박사의 병원을 찾았다. 그녀는 최면 통해 죽은 아들을 만날 수 있다는 희망을 가지고 있었다. "단 한 번만이라도 다시 만나 작별인사를 할 수 있다면 당장 죽어도 여한이 없겠어요." 김 박사는 그녀의 격앙된 감정이 조금 가라앉기를 기다린 후 죽은 아들을 만날 수 있게 하기 위해 적절한 암시를 주었다.

> 김 박사: 지금 옆에 누가 있습니까?
>
> 정 여사: (놀랍고 믿을 수 없다는 듯) 아들이 왔어요. 옆에서 나를 내려다보고 있어요.
>
> 김 박사: 그의 모습이 어때요?
>
> 정 여사: 집 나갈 때 입었던 옷을 그대로 입고 있어요. 안색도 밝고 몸에 상처 하나 없네요.
>
> 김 박사: 아들과 대화해 보세요. 묻고 싶은 것 묻고, 아들 말을 들어보세요.
>
> 정 여사: (정신을 집중해 아들과 대화하는 듯 긴장한 상태로 시간이 흐른 뒤) 걱정하지 말래요. 자기는 정말 잘 있다고. 혈색도 좋고 정말 그런 것 같네요. 오히려 내 걱정을 하고 있어요. (감격스러운 듯 눈물을 흘리며, 밝고 흥분된 표정으로) 엄마한테 정말 미안하지만, 죽을 때 아프지 않았고 죽음이 끝이 아니라고 하네요.
>
> 김 박사: 아들에게 하고 싶은 말이 있으면 하세요. 작별 인사도 하구요.
>
> 정 여사: (뭔가 집중해 얘기하는 듯 잠시 침묵한 뒤에) 이제 가야 한대요. 엄마도 건강하게 살 테니까 아들에게 안심하라 했어요. 나중에 다시 만나자 약속하고 손 흔들며 가고 있어요.

잠시 후 최면에서 깨어나 정신 차린 그녀는 완전히 다른 사람으로 보였다. 눈에 생기가 돌고 얼굴은 밝아졌으며 목소리에는 기쁨과 흥분 섞인 떨림이 가득했다. 며칠이 지나 정 여사는 병원으로 전화해 "이제

는 지낼 만하니 더 이상 치료를 받을 필요는 없겠다"고 전했다.[29]

정신건강 전문 의사 김영우(최면치료 전문가)에 따르면, 지금 발전하는 과학과 의학 자료는 죽음의 순간을 넘어가도 영혼이 끊어지지 않는다는 사실을 보여주고 있다. 영혼이 있어서 죽어도 생명이 끊어지지 않는다. 정말 죽음이 무엇인 지 제대로 가르쳐 주는 생명 교육이 필요하다. 죽음으로 끝나는 게 아니고 우리는 계속 의식을 가지고 다른 세계로 옮겨간다.[30] 죽음이 끝이 아니라는 점을 알아야 마음의 위안과 평화를 얻을 수 있으므로, 죽음을 정확히 이해하고 죽음을 준비하는 것은 인간에게 필요한 자기 성장 수업의 한 부분이다. 최면치료의 임상경험을 바탕으로 오랫동안 환자들을 치료하고 있는 김영우에 따르면, 인간의 본질이 영혼이라는 사실을 보여주는 치료 사례와 과학적 근거는 얼마든지 있다. 이 부분을 다루지 않고 삶의 궁극적인 의미나 건강, 진정한 마음의 평화에 도달하는 것은 불가능하다는 것이다. 의학이 아직 충분히 이해하지는 못하고 있지만, 언젠가 영혼의 존재를 인정하고 이를 바탕으로 우리의 삶과 건강을 이해할 날이 올 것이라고 그는 단언한다.[31]

퀴블러-로스 "죽음은 존재하지 않는다"

퀴블러-로스는 항상 환자들과 무척 가깝게 지냈으며 깊은 사랑의 관계를 유지했다. 환자들은 퀴블러-로스와 친숙한 관계를 맺었다. 환자가 죽은 뒤 몇 분만 지나면, 죽은 그들의 육신은 봄이 되어 더이상 필요

---

29) 김영우, 『빙의는 없다』, 전나무숲, 2012년, 274-279쪽
30) 김영우, 『영혼의 최면치료』, 20-25쪽
31) 김영우, 같은 책, 233-234쪽

없어져 벗어던진 겨울 외투와 비슷해 보였다. 그래서 퀴블러-로스는 환자의 육신은 껍질이라 생각했고 환자는 더 이상 그 껍질 안에 있지 않다는 것을 알았다. 과학자로서 퀴블러-로스는 이것을 설명할 수 없었지만, 몇 년 전 죽었던 슈바르츠 부인이 다시 퀴블러-로스 앞에 나타나지 않았다면, '죽음과 임종'에 관한 세미나와 연구를 중도에 멈추고 말았을 것이다.[32]

평생 죽어 가는 임종자를 보살폈던 퀴블러-로스는 마침내 죽음이 끝이 아니라는 사실은 "누구나 알아야 하는 상식의 문제"라는 결론을 내렸다. 육체란 단지 우리가 죽게 될 때까지 주어진 기간 동안 머무르는 집에 지나지 않는다는 것이다. 죽음은 단지 이 삶으로부터 다른 존재로의 변화일 뿐이므로, 죽음은 존재하지 않는다고 그는 말한다. 현대 사회는 육체의 죽음이 전부인 줄 착각하기 때문에 죽음을 정확하게 이해하지 못한다고 그는 말한다.[33]

의식영역 확장해야 죽음을 이해할 수 있다

인도 뉴델리 태생의 하버드대 의학박사 출신으로, 인도 전통 치유과학인 아유르 베다와 현대 의학을 접목하여 정신신체의학이란 독특한 분야를 개척한 디팩 쵸프라는, 육체적 생명을 끝내는 것이 곧 죽음이라는 식으로 죽음을 정의하는 것은 분명 문제가 있다고 지적한다.

---

32) 퀴블러-로스, 최준식역, 『사후생』, 대화문화아카데미, 2009년, 43-47쪽
33) 퀴블러-로스, 같은 책, 54-55쪽. 오진탁의 『죽음을 알면 삶이 바뀐다』(운주사, 2021년) 제2부에서 이 문제를 자세히 논의하고 있다.

"우리는 의식의 영역을 보다 확장시켜야 우리 자신 뿐만 아니라 죽음을
보다 잘 이해할 수 있다. 죽음이 우리 삶의 목적이며 그 완성이라는 증거를
보기 위해서는, 우리들의 의식경계를 확장시켜야만 한다. 그렇지 않고서는
우리 자신과 죽음을 제대로 이해할 수 없다."[34]

우리가 죽음을 모르는 이유는 육체가 전부인 줄 알기 때문이라는 것
이다. 눈에 보이는 육체만 있는 줄 착각한다. 의식을 육체에서 보다 확
장시켜야 내가 누구인 지, 죽음이 무엇을 의미하는 지 알 수 있다. 육체
에 갇혀 있으니까, 육체가 전부인 줄 착각하는 것이다.

영혼의 존재, 죽음의 순간 누구나 알게 된다

"인간의 생명에는 두 가지 차원이 있다. 하나는 살아있는 것이요, 하나는
죽은 것이다. 인간은 실제 이 두 가지 영역을 왔다 갔다 한다. 부모의 사랑
으로 생명을 받고 태어나면 삶의 세계에 속하게 되고, 늙거나 사고를 당해
육체의 기능을 상실하면 죽음의 세계에 속하게 된다. 인간은 생물학적으로
죽어도 영혼은 남는다. 살아있는 순간 영혼은 인간과 함께 존재한다. 영혼
은 죽음에 이르면 육체와 분리되어 현상계, 곧 물리적인 3차원의 세계와
다른 존재 법칙에 의해 지배받게 된다."[35]

삶과 죽음은 실제 생명과 자연계의 두 가지 속성이다. 삶과 죽음은
완전히 다른 것 같고 삶으로 시작해 죽음으로 끝나는 것 같지만, 실제는
동전의 양면과 같이 삼라만상 현상계를 형성하는 두 가지 측면이다.

---

34) 디팩 쵸프라, 『죽음 이후의 삶』, 정경란 역, 행복우물, 2006년, 17쪽
35) 차길진, 『영혼을 팔아먹는 남자 이야기』, 후암, 1999년, 296쪽

여기서 중요한 것은 삶의 세계에서 죽음의 세계를 절대로 볼 수 없다는 사실이다. 어떤 과정을 거쳐, 또는 특수한 영혼의 작용을 통해 죽음 이후의 세계, 영혼의 세계를 부분적으로 체험할 수는 있다. 그러나 자신이 죽은 후 어떤 환경에 놓이는가, 어떤 영혼의 모습을 지닐까에 대해서는 죽음의 세계에 직접 들어가 보아야만 알 수 있다.

> "영혼의 존재증명은 무의미하다. 인간 자체가 영혼이기 때문이다. 인간은 육체와 영혼의 집합체이다. 영혼의 존재는 굳이 증명하려 애쓰지 않아도 세월이 지나면 저절로 알게 되는 것이다. 구태여 얘기하고 증명하지 않아도 되는 존재, 그것이 바로 영혼이다."[36]

자기가 자신에게 자신의 존재를 증명할 필요가 있을까. 자기의 존재는 자기 자신에게 이미 분명할 텐데, 굳이 자신의 존재를 증명할 필요가 있겠는가. 또 자기가 자신의 존재를 자기 자신에게 어떻게 증명할 수 있을까. 인간 자체가 바로 영적인 존재이므로, 자기가 자기를 굳이 증명할 필요가 없지 않을까. 물론 자기가 자신에게 분명하지 않은 사람은 영혼의 존재 증명이 필요하다. 그런 사람은 자기 자신에게 영혼의 존재를 증명할 수 없을 것이다. 자기 자신의 존재가 자기 자신에게 분명한 사람이 애써 설명한다 해도, 자기가 자신에게 애매모호한 사람이 알아들을 수도 없을 것이다.[37]

---

36) 차길진, 같은 책, 233쪽
37) 차길진 법사는 20대에 잠깐 목욕탕 때밀이로 일했다. 6.25 전쟁 때 부산 국제시장에서 크게 성공한 사업가가 단골손님이었다. 하루는 때를 미는데 느낌이 이상했다. 그는 사지가 뒤틀려 있는 것이 꼭 기가 빠진 사람 같았다. "오늘은 목욕하고 바로 집에 가서서 푹 쉬세요." 그러자 그는 "안 돼. 이따가 상가집에 가야 해. 나와 아주 친한 형님이 돌아가셨다"라고 말했다.

죽음이 끝이 아니라 새로운 시작이라는 사실, 또 인간이 영적인 존재라는 사실은 죽음의 순간 누구나 알게 된다. 그러나 죽음의 순간 알게 되면 너무 늦은 게 아닐까. 보다 깊이있게 삶을 영위할 기회는 이미 지나가 버렸기 때문이다. 그 때 후회해도 소용이 없다. 그러니까 영혼의 존재를 증명해 달라고 말하지 말고, 알아듣게 설명해 달라고 강변하기 보다, 자신이 왜 이해하지 못하는 지 자기 자신에게 물어보는 게 현명한 처사일 것이다. 죽음 문제는 제3자의 설명에 의해 이해되는 그런 문제가 아니다. 살아있을 때 죽음을 제대로 이해하기 위해 스스로 노력하는 게 바람직하다.

정진석 추기경에게 '죽음'과 '부활'을 물었다

"성탄은 시작이고 부활은 완성이므로, 부활절의 의미가 더 깊다. 예수의 부활은 육신의 부활이 아니다. 예수의 부활은 영혼의 부활이다. 육신은 물질이므

법사는 말렸다. "장지에 가면 큰일 납니다." 그것이 마지막이었다. 얼마 후 그 분의 부고가 들려왔다. 그 날 장지에 쫓아갔다가 '상문살喪門煞'을 맞고 죽었다. 그렇게 40여년이 흘렀을까. 50대 남자가 법사를 찾아와 돌아가신 아버지를 위한 구명시식을 올리고 싶다고 했다. 막상 구명시식을 시작하자 법사는 깜짝 놀랐다. 50대 남자가 초혼한 아버지 영가는 바로 그 단골손님이었다. 상황이 하도 기가 막혀 조용히 물었다. "아버지께서 평안도 분이시죠? 부친은 부산 국제시장에서 장사로 성공하신 거상이셨지만, 친한 형님의 장지에 쫓아가셨다가 급사하셨죠?" 이 쯤 되자 아들의 얼굴은 하얗게 질렸다. 법사도 정말 꿈만 같았다. 40여년 만에 단골손님을 구명시식에서 다시 뵙게 되다니! "그 때 자네 말을 들었어야 했는데 후회막급일세." 영가는 믿기지 않는다는 듯 법사 주위를 맴돌았다. 영혼의 세계를 절대 믿지 않았다는 아들은 "세상에 영혼이 정말 있군요"라고 몇 번이나 중얼거렸다. (일간스포츠 2011년 4월22일)

로 흙으로 돌아간다. 그러나 부활한 영혼의 육신은 비물질이다. 현세의 육신과는 다른 차원이다. 하느님은 사람들이 육신과 영혼이 결합한 상태로 세상에 존재하게 했다. 죽음은 영혼이 육신을 떠나는 것이다. 우리 육신은 썩어 다시 물질세계로 돌아간다. 부활한 생명은 다시는 죽지 않는다. 그러니 부활한 육신은 현세의 육신과 다르다. 물질은 변화가 있고, 영혼은 변화가 없다. 그래서 영혼도 비물질이고, 부활한 영혼이 결합하는 육신도 비물질이다."[38]

마티스 그뤼네발트(1470-1528) '부활'

기독교에 따르면 죽음은 삶의 끝이 아니라 새로운 생명, 영원한 생명의 시작을 의미한다. 시작의 의미는 우리가 온 곳으로 다시 돌아간다는

---

38) 중앙일보 2010년 4월1일

뜻이다. 종교마다 영혼이나 죽음에 대해 이해와 해석은 조금씩 차이가 나기는 하지만, 불교도 "죽음은 끝이 아니다"고 말하고 있으므로, 죽음으로 모든 게 끝나는 것은 아니라는 점에서는 일치된다.

법정스님 "육체 안에 영혼이 있는 게 아니다"

"죽음이 어느 때 우리를 찾아오는 지 알 수 없다. 죽음이 언제 어디서 우리 이름을 부를 지라도 '네' 하고 선뜻 일어설 준비만은 되어 있어야 할 것이다. 육신을 70, 80년 끌고 다니면 부품 교체가 아니라 폐차 처분할 때가 있다. 죽음은 자연스러운 것이다. 육신의 죽음을 끝이라고 보면 막막하게 되지만, 새로운 삶의 시작이라고 본다면 어떤 희망이나 기대를 하게 된다. 우리는 평소 그런 훈련을 많이 받아서 장담할 수는 없지만, 담담하게 건너갈 것 같다."[39]

법정 스님(1932~2010)은 2007년 겨울 폐암으로 미국에서 항암 치료를 받은 후, 2009년 다시 병이 재발하자 주위에서 수술을 권했지만 받아들이지 않았다.

> "죽음은 끝이 아닌 새로운 시작이다. 육체 속에 영혼이 깃들어 있는 것이 아니다. 몸 안에 영혼이 깃들어 있다고 생각하지 마라. 영혼이 육체를 지니고 있는 것이다. 영혼은 육체가 자기 할 일을 마쳤음을 알고 낡은 옷을 버리듯이 한 쪽에 벗어 놓는다. 일단 죽게 되면 미련 없이 내생으로 여행을 떠난다는 각오를 평소부터 지녀야 한다."[40]

---

39) MBC스페셜 『아름다운 마무리』, 1부 2010년 3월 11일
40) 법정, 『아름다운 마무리』, 문학의 숲, 2010년, 279쪽

육체 안에 영혼이 있는 게 아니라 영혼이 육체를 지니고 있으므로, 육체가 죽는다고 해서 영혼이 없어지는 게 아니라는 것이다. 육체가 죽으면 영혼은 육체가 자기 할일을 마쳤음을 알고 낡은 옷을 버리듯이 한 쪽에 벗어 놓으므로, 죽으면 새로운 시작임을 알아야 한다는 뜻이다.

"생명의 기능이 나가 버린 육신은 보기 흉하고 이웃에게 짐이 될 것이므로, 조금도 지체할 것 없이 없애주면 고맙겠다. 그것은 내가 벗어 버린 헌옷이니까. 물론 옮기기 편리하고 이웃에 방해되지 않을 곳이라면 아무데서나

"내 소원은 다비장 장작으로 올라가는 것" 법정스님 다비하는 장면

다비茶毘해도 무방하다. 사리 같은 걸 남겨 이웃을 귀찮게 하는 일을 나는 절대로 하고 싶지 않다. 지금 내 소원은 사람들에게 폐 끼치지 않고 하루 빨리 다비장 장작으로 올라가는 것이야!"41)

육체가 죽어 화장하면 나는 어디 있는가?

우리는 흔히 육체가 바로 자신으로 간주한다. 육체가 죽어도 시신이 바로 자기 자신인가? 시신을 화장하면 나는 어디 있는가? 우리가 죽음을 두려워하는 가장 큰 이유는, 자신이 누구인 지 모르기 때문이다. 우리는 자신이 다른 것과 구분되는 독자적이고 개인적인 정체성을 지니고 있다고 생각한다. 그러나 자세히 살펴보면, 그 정체성이란 전적으로 그것을 받쳐주는 무수한 사물들의 집합에 불과한 것임을 알게 된다. 이를테면 우리의 이름, 자신의 일대기, 배우자, 가족, 집, 일, 친구, 신용카드 등 우리가 자신의 안전을 위해 의지하고 있는 것들은 이렇게 깨지기 쉽고 일시적인 버팀목일 뿐이다. 그것들을 모두 잃어버린다면, 진정 우리가 누구인 지 말할 수 있을까?

죽을 때 우리는 모든 것, 특히 우리가 그토록 애지중지해 맹목적으로 의존했고, 그렇게 열심히 계속 살아있게 하려고 애썼던 육신을 뒤에

---

41) 오진탁, 『삶, 죽음에게 길을 묻다』, 279-281쪽
청화(淸華, 1923~2003) 스님은 '영혼이 어디 있을까?' 사람들이 의심하는 이유는 눈에 보이지 않기 때문이라면서, 영혼이 우리 중생의 제한된 육안肉眼에는 보이지 않아도 천안天眼, 불안佛眼, 법안法眼으로 본다면 분명 존재하는 하나의 생명이라고 말한다. 우리는 살았을 때 '자기 육신'에 집착하지만, 사람이 죽어 법당에서 관욕灌浴할 때 영혼이 분명히 몸을 완전히 벗어버린 것을 스님은 직접 느꼈다. (청화, 『영가천도법어』, 광륜출판사, 2009년, 138쪽)

남기고 떠난다. 육신이 죽어도 시신이 바로 나인가? 시신을 화장하면 나는 어디 있는가? 육신과 마찬가지로 우리 마음도 믿을 만한 것이 못 된다. 잠시 자신의 마음을 들여다 보라. 쉴새없이 이리저리 뛰어다니는 벼룩처럼 보일 것이다. 생각은 아무 이유도 없이 어떤 것과도 무관하게 솟아닐 것이다. 순간순산 혼란에 휩싸일 때마다 우리는 변덕스러운 마음에 끌려다니게 된다. 우리에게 친숙한 의식상태가 오직 이것에 지나지 않는다면, 죽는 순간 자기 마음에 의지하는 것은 어처구니없는 도박이 될 것이다.

재로 지어진 옷

- 나희덕

흰나비가 소매도 걷지 않고
봄비를 건너간다
비를 맞으며 맞지 않으며

화장하고 남은 재

그 고요한 날개짓 속에는
보이지 않는 격렬함이 깃들어 있어
날개를 둘러싼 고운 가루가
천 배나 무거운 빗방울을 튕겨내고 있다
모든 날개는 몸을 태우고 남은 재이니

마음에 무거운 돌덩이를 굴려 올리면서도
걸음이 가볍고 가벼운 저 사람
슬픔을 물리치는 힘 고요해
봄비 건너는 나비처럼 고요해

비를 건너가면서 마른 발자국을 남기는
그는 남몰래 가졌을까
옷 한 벌, 흰 재로 지어진

우리는 자기 자신을 얼마나 알고 있는가?

문제 핵심은 죽음이 아니다. "자기 자신이 죽음을 제대로 이해하는 가?" 여부에 달려있다. 죽음은 다른 사람에게 묻거나, 혹은 전문가에게 알아듣게 설명해 달라고 요구할 게 아니다. 죽음 이해를 전문가에게 맡겨둘 것인가? 전문가의 설명대로 죽을 것인가? 자신의 죽음 아닌가? 자기 자신에게 질문을 던지고 스스로 해답을 구하는 게 현명하다는 뜻이다.

"죽으면 다 끝나는가?" 하는 물음은, "인간은 육체만의 존재인가? 육체와 영혼의 결합인가?" 묻는 질문이므로, 인간 존재에 대한 이해로 직결된다. 만일 인간을 육체만의 존재로 이해하면, 육체가 죽으면 다 끝나게 된다. 자신을 영혼과 육체의 결합으로 간주하면, 육체가 죽어도 영혼은 계속 유지된다고 생각하게 된다.

따라서 "죽으면 다 끝나는가?" 다른 사람에게 묻지 말고, "자신은 육체만의 존재인가?" 이런 물음을 자기 자신에게 계속 던지는 것이 훨씬 현명하다. 죽음 이해 문제는, 곧 "자기가 자신을 제대로 이해하고 있는가?" 자기에게 던지는 질문이기 때문이다. 따라서 문제의 핵심은 죽음이 아니라 바로 자기 자신이다. 다시 말해 초점은, "자기가 자신을 어떻게 이해하는가?" 여부에 달려있다.

그러므로 "죽으면 다 끝나는가?" 하는 문제는 증명이나 논증의 문제가 아니다. 오히려 "내가 누구인가?" "나는 육체만의 존재인가?" 자기가 자신에게 밝혀야 한다. 죽음 문제에게 묻지말고 자기 자신에게 물어야 한다. "지금 자기 자신을 얼마나 깊이 있게 알고 있는가?"[42]

---

42) 오진탁, 『죽으면 다 끝나는가』, 운주사, 2020년

나 세상 떠날 때

- 정현종(1939년생)

나 세상 떠날 때
나는 내 뒤에
태양을 남겨 놓으리.

그 무슨 말 무더기
무슨 이름
그 무슨 기념관
같은 거 말고
태양을 남겨 놓으리.

그러니, 해가 뜨거나
중천에 있거나
하늘이 석양으로

숨 넘어가며 질 때,
그게 내가 남겨놓은 것이라고
기억해주시기를!

오진탁, 『죽음을 알면 삶이 바뀐다』, 운주사, 2021년

현대인의 죽음 이해에 7가지 질문을 던지다

다른 국가보다도 티베트는 『티베트 사자의 서』를 비롯 죽음관련 문헌과 지혜가 많다. 다큐제작을 위해 티베트인은 죽음을 어떻게 이해하고 자살현상을 어떻게 바라보고 있는 지 직접 살펴보고자 티베트 라싸를 다녀왔다. 등산과 트래킹을 좋아하는 사람에게 티베트와 히말라야는 언제나 동경의 대상이다. 해발고도가 약 4천 미터나 되는 티베트, 의식주를 비롯한 생활여건이 굉장히 열악하지만 푸른 하늘과 높은 산, 강렬한 햇빛, 사람의 손때가 묻지 않은 자연풍경, 또 티베트인의 순진무구한 얼굴 표정은 아직까지도 마음에 오래 남아있다.

죽어가는 사람에게 읽어주는 『티베트 사자의 서』

『티베트 사자의 서』는 독특한 내용을 담고 있는 문헌이다. 이 책은 티베트에서 오래 전부터 전해 내려오는, 죽음 이후의 상황에 대해서 상세하게 기록한 일종의 사후세계에 대한 안내서 같은 성격의 책이다.

티베트인들은 사람이 죽어갈 때 또는 죽은 이후에 스승이나 주위 사람이 그의 귀에 대고 이 책을 읽어준다. 시신이 없으면 죽은 사람이 쓰던 침대나 의자 옆에서 그의 영혼을 불러, 그 영혼이 옆에서 듣고 있다고 상상하면서 읽어주기도 한다. 티베트인들에게 죽어가는 사람 혹은 이미 죽은 사람이 들을 수 있다는 것은 자명한 사실이다.

사자死者는 생명이 끊어져 영혼이 몸 밖에 나왔을 때 '자기가 살아있는 지, 죽었는 지' 반문하게 된다. 죽은 당사자가 스스로 어떤 상태에 있는 지 확신하지 못하는 것은, 살아있을 때와 마찬가지로 가족과 친구들을 여전히 볼 수 있기 때문이다. 죽은 사람은 그들을 볼 수도 있고 그들의 말을 들을 수도 있지만, 가족과 친구들은 죽은 사람을 볼 수도 없고 그 말을 들을 수도 없기 때문에 죽은 사람은 실망하게 된다. 이때 죽은 사람을 위해 『티베트 사자의 서』를 읽어준다.

> "이제 죽음이라 불리는 것이 그대에게 찾아왔다. 그대는 이 세상으로부터 벗어나고 있다. 하지만 그대만이 유일하게 이 세상으로부터 떠나는 것은 아니다. 죽음은 누구에게나 찾아온다. 이 세상의 삶에 애착을 갖거나 집착하지 말라. 그대가 마음이 약해져서 이 세상에 남겨둔 것에 아무리 집착할 지라도 그대는 이제 여기에 머물 힘을 잃었다. 그대가 이 세상에 대한 집착을 버리지 않는다면, 그대는 윤회의 수레바퀴 아래에서 헤매는 것 이외에 아무것도 얻을 게 없다. 그러니 마음을 약하게 먹지마라. 다만 진리, 진리를 깨달은 자, 그를 따르는 구도자들을 기억하라. 그대의 마음과 육체가 분리되어 있는 이 때, 당황하거나 두려워하거나 무서워하지 마라. 아! 고귀하게 태어난 자여, 지난 사흘 반 동안 그대는 기절상태에 있었다. 기절상태에서 깨어나자마자 그대는 '나에게 무슨 일이 일어난 것일까?' 생각할 것이다. 그대는 지금 사후세계에 있다. 지금 눈에 보이는 모습들은 모두 빛의 몸을 하고 있고 천신들의 형상을 하고 있을 것이다."[43]

티베트 30대 남성 인터뷰 "우리에게 자살의 권리는 없다."

티베트에서 죽음은 삶의 과정이고, 삶은 죽음의 과정이다. 삶은 항상 죽음과 항상 함께 있다. 죽음은 육신이란 낡은 옷을 벗는 것에 불과하므로, 죽음으로 모든 게 끝이 아님을 누구나 확신하고 있다. 이는 티베트 사람들이 공유하고 있는 상식이다. 그러나 우리는 죽음을 외면하고 삶에만 골몰하고 있지않은가. 불경과 성경은 죽음으로 끝나는 게 아님을 곳곳에서 말하지만, 그것은 경전의 말씀일 뿐이라고 생각하는 사람이 많다.

> 질문: "자기 몸은 자기 것이니까 자기 판단에 따라 자살할 수 있다고 하는
>   데 동의하는가?"
> 답변: "아니다."
> 질문: "왜 그렇게 생각하는지?"
> 답변: "사람의 생명은 아주 중요하다. 함부로 포기하면 안 된다. 힘든 일이
>   있더라도 본인이 노력하고 극복하면 된다. 티베트에는 윤회 가르침

티베트 할머니의 맑은 표정

---

43) 파드마샴바바, 류시화 역, 『티베트 사자의 서』, 정신세계사, 1995년, 263-
269쪽

이 있다. 함부로 생명을 포기하거나 다른 생명을 해치면 안 된다. 어려운 일이 생겼을 때는 급히 해결하려고 하지 말고 천천히 시간을 갖고 접근하면 해결할 수 있다. 아무리 힘든 일이 있더라도 생명을 포기하지 말아야 한다."44)

가난해도 '백발의 위엄' 지키며 떠나도록 배려하는 나라

오늘날 언론을 통해 노인 자살률이 증가했다거나, 혼자 살던 노인이 세상을 떠난 지 여러 날이 지나 발견되었다는 쓸쓸한 기사를 자주 접한다. 그럴 때마다 생각나는 것은, 우리 사회와 비교할 수 없을 정도로 빈약한 자원으로도, 사람으로서의 위엄을 지키며 떠날 수 있도록 배려하는 티베트인들의 따뜻한 마음이다. 티베트 사회에서는 치매에 걸리는 노인도, 정신질환을 앓는 이도 드물다. 살면서 얼마나 남을 도왔는 지, 미움과 집착을 덜어내고 얼마나 청정한 마음을 닦았는 지 여부를 성공한 삶의 기준으로 여기기에 가능한 일이다. 경쟁 대신 살아 있는 생명 모두와 공존하는 법을 배우고, 증오 대신 잘못을 저지른 이를 위해 기도하는 티베트 민족 다운 건강함이다.

요즘 우리 사회에 양극화라는 말이 유행어처럼 번지고 있지만, 삶과 죽음의 양극화도 만만치 않다. 저출산을 걱정하는 시선은 많지만, 우리가 현재 누리고 있는 삶의 기반을 만들어준 세대에 대한 무관심과 정신적 유기遺棄는 충격에 가까울 정도이다. 우리의 영혼이 삶의 상처로 피투성이가 되는 것은, 어떻게 맞아야 할 지 불분명한 미래와 노후에 대한 걱정에서 비롯될 때가 많다. 갈수록 경쟁이 치열해지고 사회가 각박해

---

44) 위성방송 MBC넷 '자살, 한국사회를 말하다' 2부작

지는 것은, 삶의 좌표 설정을 한 방향에만 집중한 나머지 평화롭게 살고 평화롭게 죽는 법을 고민하지 않기 때문이다.

현대인의 죽음에 대한 두려움

죽어가는 사람이 보여주는 첫 번째 반응은 바로 절망과 두려움이다. 죽으면 아무것도 없다고 생각하는 사람은 어떻게 해서든지 삶의 시간을 연장하려고만 한다. 결국 두 눈을 부릅뜬 채 공포와 두려움에 가득 찬 표정으로 죽음을 맞이하는 모습은 가족에게 안타까움만 남길 뿐이다. 사람들은 현재의 삶을 인생의 모든 것으로 여길 만큼 영혼이 메말라 있다. 삶 이후의 삶에 대한 어떤 실제적이거나 근거 있는 신념도 없이 대부분의 사람들은 궁극적인 의미를 상실한 채 자신의 삶을 이어가고 있을 뿐이다. 아무리 과학만능의 시대를 살고 있는 현대인이라지만 죽음에 대해서까지 "눈으로 볼 수 있는 것만 믿을 수 있다"고 말한다면, 그것은 지나친 교만에 빠져 자신조차 제대로 보지 못하는 어리석은 태도일 것이다.

말기암 환자 박씨는 어느 날 위암 말기라는 진단을 받았다. 암 선고 이후 늘 우울한 표정을 짓고 있는 박씨에게 무슨 걱정이 있느냐고 호스피스 봉사자가 물어 보았다. "아무런 희망이 없다. 죽음은 곧 절망을 뜻하지 않는가. 정말이지 죽고 싶지 않다. 죽으면 모든 게 정지하고 끝나는 것인데 죽고 싶은 사람이 어디 있겠는가." 이로부터 며칠 지나서 그는 죽었다. 박씨처럼 죽으면 모든 것이 끝이라고 생각해 죽고 싶지 않은 절망적인 상태에서 죽음을 맞이한 사례가 대부분의 한국인들이 보이는 마지막 모습이다.

또 다른 60대의 남자도 어느 날 갑자기 간암 말기 진단을 받았다.

친구인 의사가 잔여수명이 3개월 정도라고 말해주었다. 잠시 후 환자의 상태가 이상해지더니 온 몸이 굳어서 움직이지도 못하고 말도 못하는 상태가 되어버렸다. 그는 죽으면 어떻게 될까 생각하다가 '죽으면 꼼짝 없이 지옥에 갈 수밖에 없겠구나' 하는 생각이 들면서, 갑자기 지옥의 공포가 몰려와 꼼짝도 할 수 없게 되었다고 회고했다. 지옥에 대한 공포로 인해 영적인 위기를 겪은 것이다. 의사는 정신과 의사에게 의뢰했는데도 별 효과가 없자 마지막으로 호스피스에게 의뢰하였다.

병실을 찾아가 보니 환자는 침대에 똑바로 누워 무릎을 약간 세운 채 이빨을 부딪치는 소리가 들릴 정도로 덜덜 떨고 있었다. 그는 두 눈을 크게 뜨고 무언가 무서운 것이라도 보고 있는 듯 공포에 질린 얼굴 표정으로 천장을 응시하고 있었다. 호스피스 관계자가 "무엇이 그렇게 무서우세요?"라고 물었다. 그는 덜덜 떨면서 들릴 듯 말 듯 "지-옥-에-갈-까-봐-서-"라고 답하는 것이었다. 두려움으로 가득 찬 그의 마음을 안심시켜주자, 다음 순간 그는 갑자기 '감사합니다'라고 말하면서 호스피스 봉사자의 손을 꽉 쥐기에, 다시 한 번 쳐다보니 굳어 있던 온 몸이 다 풀려있었고 말도 제대로 할 수 있게 되었다.[45]

"당신도 아다시피 누구나 죽어가고 있다"

티베트 사람들이 처음 서양에 도착했을 때 그 때까지 티베트 사람들이 익숙하게 받아들였던 죽음에 대한 태도에 비추어보건대, 새로 접한 서양 사람의 태도는 너무나 대조적이어서 충격을 받았다. 과학기술 문명의 발달로 많은 것을 성취했음에도, 현대 사회는 죽음이라든가 죽어

---

45) 오진탁, 『마지막 선물』, 2007년, 68-69쪽

가는 과정, 또는 죽음 이후 무엇이 일어나는 지 실제로 이해하는 것이 아무것도 없다. 대부분 사람들은 죽음을 인정하지 않거나 죽음의 공포 아래 삶을 영위하는 것이다. 사람들은 죽음이란 단어를 입에 올리는 것조차 불건전한 것으로 여기고 있다. 삶 이후의 삶에 대한 어떤 실제적인 또는 근거있는 신념도 없이 사람들은 궁극적인 의미를 상실한 채 자신의 삶을 이어가고 있을 뿐이다. 죽음을 인정하지 않음으로 야기되는 참담한 결과가 초래되고 있는 것이다.

1976년 뉴욕의 중년 여성이 뒤좀 린포체를 찾아왔다. 그녀는 몹시 아팠고 병세가 절망적이었다. 그녀는 뒤좀 린포체 앞에 앉았다. 그녀는 자신의 병과 그의 존재에 자극받아 눈물을 왈칵 쏟았다. "의사가 앞으로 몇 달 못산다고 했습니다. 저를 도와줄 수 있습니까? 저는 지금 죽어가고 있습니다." 그녀가 깜짝 놀랄 정도로, 뒤좀 린포체는 부드럽고 자비심 충만한 목소리로 껄껄 웃었다. "당신도 아다시피 우리는 모두 죽어가고 있습니다. 단지 시간문제일 따름입니다. 우리 중에서 어떤 사람은 다른 사람보다 먼저 죽게 될 뿐입니다."[46]

달라이라마는 말한다.

> "나는 죽음이 궁극적인 종말같은 것이라기보다 낡아서 해졌을 때 갈아
> 입는 옷과 같은 것이라고 생각합니다. 그러나 죽음이 찾아올 날은 결코
> 예측할 수 없습니다. 그러므로 죽음이 찾아들기 전에 미리 준비하는 것만
> 이 현명한 처사입니다."

---

46) 소걀 린포체, 오진탁 역, 『티베트의 지혜』, 민음사, 1999년, 63쪽

마니차를 돌리며 기도하는 티베트 할머니

　　티베트인들은 누구나 죽음이 끝이 아니라는 사실을 잘 알고 있다. 임종과정에 무슨 일이 일어나는 지 정확하게 알고 있는 티베트 수행자의 경우, 죽음은 두려움이나 고통의 대상이 아니라 그가 평생 기다려왔던 순간이기도 하다. 그는 죽음을 평온하게 맞이하게 되고, 심지어 기쁨 속에서 죽을 수 있다. 어느 요가 수행자는 며칠 동안 앓았다. 의사가 찾아와서 맥박을 진찰했다. 의사는 그가 죽어가고 있음을 알았지만, 당사자에게 말해야 하는 지 확신이 서지 않았다. 요가 수행자는 어린애처럼 자기 병의 상태를 알려 달라고 말했다. 마침내 의사가 사실대로 알려주었다. "조심하세요. 때가 왔습니다." 그는 마치 크리스마스 선물 포장을 여는 꼬마처럼 즐거워하며 흥분을 느끼는 듯 했다. "정말이에요? 이 얼마나 달콤한 말인가, 이 얼마나 기쁜 소식인가!" 그는 하늘을 응시한 채 명상 상태에서 임종을 맞았다.47)

47) 소걀 린포체, 같은 책, 401-402쪽

티베트에선 누구나 천장을 원한다

티베트어로는 몸을 '뤼lü'라 하는데, 이는 수화물처럼 '당신이 두고 떠난 어떤 것'을 의미한다. '뤼'라고 말할 때마다, 티베트 사람들은 우리가 이 삶과 육신에 잠시 머무는 여행자일 뿐이라는 사실을 상기하게 된다. 티베트에서는 외적인 환경을 좀 더 편리하게 만들기 위해 번거로운 일들을 벌이거나 그러한 일에 수많은 시간을 소모하지 않는다. 티베트 사람들은 굶주리지 않을 정도의 먹거리, 등을 덮을 정도의 의복, 그리고 머리를 가릴 정도의 지붕만 갖춰지면 만족스러워한다. 지금까지 하던 대로 외적인 환경을 개선하는 데만 골몰한다면, 우리는 머지않아 종말을 맞이하게 되고 끝없는 혼란에 빠져들 것이다. 제정신을 가진 사람이라면 어느 누가 호텔에 투숙할 때마다 호텔 방을 꼼꼼하게 다시 장식하려 하겠는가?

티베트에서는 사랑하는 가족이 죽으면 시신을 독수리에게 준다. 티베트 사람들이 죽을 때 '조장鳥葬'을 원하는 이유는 무엇인가? 우리 사회는 죽으면 다 끝난다고 생각하지만, 티베트인들은 죽으면 끝이 아니라고 생각한다. 티베트에서는 사람이 죽고 영혼이 시신에서 분리되면, 시신을 메고 독수리들이 기다리고 있는 '천장天葬터'로 간다. 독수리에게 시신을 먹게 하므로 조장, 시신을 먹은 독수리와 함께 하늘로 날아가므로 천장이라고 부른다. 천장사가 시신을 해체하면 독수리들이 몰려들어 시신을 먹는다. 살아 생전에 먹거리가 부족해서 야크의 고기를 먹었으므로, 죽으면 천장 통해 시신을 짐승에게 보시하는 것이다. 천장은 고산지대라는 티베트의 자연환경에, 죽음은 육신의 죽음일 뿐이라는 티베트의 죽음 이해에, 알맞은 시신 처리 방식이다.

티베트 3대 사찰 삼예사, 인근의 천장터

죽기 위해 자살하는 게 아니다

부모의 시신을 어떻게 독수리에게 줄 수 있을까?

티베트인은 자기가 죽으면, 시신을 천장으로 처리하는 것을 영광으로 생각한다. 사람이 죽어 영혼이 시신에서 분리되면, 시신은 입다가 남겨진 옷에 불과하다고 달라이 라마는 말한다. 사람이 죽고 남겨진 시신은 죽은 그 사람이 아니다. 그가 입었던 옷에 불과하므로, 티베트인은 아무 거리낌 없이 독수리에게 주는 것이다. 죽으면 시신으로부터 영혼이 떠나므로, 죽는다고 끝이 아니라는 것, 또 인간이 육신만의 존재가 아니라는 사실을 티베트에서는 누구나 알고 있다. 티베트인은 단순히 말이나 지식으로만 아는 게 아니라 그렇게 살다가 그렇게 죽는다. 티베트는 평균 해발 4천 미터 고산지대이므로, 먹거리가 부족해 티베트인들은 평소에 야크 고기를 먹는다. 대신 티베트인들은 죽으면 영혼이 시신으로부터 분리되므로, 시신을 독수리 먹이로 보시하는 것이다.

천장, 티베트인은 명예로 여긴다

티베트에서는 놀랍게도, 포와 수행법을 통해 시신에서 영혼이 분리되었는 지 직접 확인한다. 사람이 죽으면 시신은 남겨진 옷가지에 불과하므로, 티베트인 누구나 천장으로 자기 장례를 치르기를 바라고 있다. 인간은 육신만의 존재이고, 죽으면 다 끝난다고 알고 있는 우리 사회와는 얼마나 다른가! 천장으로 장례를 지내는 것은 명예로운 일이라고 티베트인 누구나 자랑스럽게 말한다. 천장터 순례를 통해 죽음 준비와 함께, 삶을 제대로 영위하라는 가르침을 되새기는 삶의 준비를 티베트인은 배우고 있다. 티베트인들은 죽음을 두려워하지 않고, 죽음을 자연스럽게, 당연히 지나가야 할 하나의 과정으로 받아들인다. 사람이 육신만의 존재라고 알고 있는 우리 사회와 티베트의 죽음 이해는 크게 다를 수밖에 없다. 자기자신을 육신만의 존재로 여기지 않는 티베트 사회에서, 죽으면 천장을 통해 시신을 장례 지내는 것은 모두의 희망사항이다.

티베트인과 현대인의 죽음 이해 비교

	현대인의 죽음 이해	티베트인의 죽음 이해
인간 이해	인간은 육체만의 존재이고, 죽으면 다 끝난다고 생각하므로, 영혼을 인정하지 않는다.	인간은 육체만의 존재가 아니고, 죽는다고 끝나는 게 아니므로, 영혼의 존재를 받아들인다.
죽음 이해	의학에서 말하는 심폐사, 뇌사로 죽음을 이해한다. 심폐사, 뇌사로 죽음을 이해하는 것은, 죽으면 다 끝나는 것을 전제로 한다. 따라서 현대인은 죽음을 두려워하거나 죽음이 찾아오면 절망하게 된다. 이런 죽음 이해가 널리 확산되어 있다.	육신은 인간이 입는 옷과 같은 것이므로, 죽음은 육신의 옷을 벗는 것으로 여긴다. 따라서 죽음은 끝이 아니라 새로운 시작이다. 죽음은 삶의 과정이고, 삶은 죽음의 과정이므로, 죽음을 두려워하거나 죽는다고 절망하지 않는다.
시신 처리	육신(시신)을 자기 자신이라 여기므로, 천장은 상상할 수 없다.	시신은 낡은 옷에 불과하므로, 죽으면 시신을 독수리에게 주는 천장을 티베트에서는 누구나 원한다.

소크라테스의 철학적인 죽음

소크라테스에 따르면 철학적으로 산다는 것은 재물이나 권력, 명예 등 세속적 가치가 아닌 진리나 지혜, 영혼의 문제에 관심을 기울이며 사는 것을 말한다. '철학'이란 잠자고 있는 영혼을 깨워 무지를 자각하게 하여, 스스로 알고 있다는 착각에서 벗어나게 하는 역할을 한다. 죽음을 두려워하는 것은 지혜롭지 않음에도 불구하고 지혜로운 듯이 생각하는 어리석음 그 자체이다. 자신이 죽음에 대해 아무것도 모르면서 안다고 착각하기 때문이다. 죽음이 인간에게 올 수 있는 축복 가운데 가장 큰 것인 지 아닌 지 우리는 알지 못한다. 그럼에도 불구하고 사람들은 죽음이 인간에게 닥칠 수 있는 최악인 것처럼 두려워한다. 이는 알지 못하면서 아는 것처럼 생각하고 있다는 점에서 가장 비난받을 만하다.

죽음은 그가 평생 탐구해온 정의, 덕, 선, 아름다움의 주제와 마찬가지로 인간이 남김없이 알 수 있는 것이 아니었다. 사람들은 죽음에 대해 아무것도 모르면서, 죽음을 절망 혹은 두려움 자체라고 간주한다. 죽음이 축복인 지 절망인 지 우리는 충분히 알지 못한다. 죽음이 무엇을 의미하는 지 잘 알지 못하므로, 우리는 죽음을 두려워할 필요가 없다.

자크 다비드, '소크라테스의 죽음' (1787년)

독약을 받아먹는 소크라테스는 죽음 앞에서 당당하지만, 제자들은 스승 소크라테스의 죽음을 안타까워하고 있다.

두려움을 느껴 절망한다는 것은 무지를 자각하는 철학적 삶의 포기를 뜻한다. 그가 죽음의 공포를 극복하고 죽음에 임해 담담하게 죽을 수 있었던 것은, 죽음에 대해 자기가 아무것도 알지 못한다는 무지를 자각하고 있었기 때문이다.

"너 자신을 알라"

그가 자주 인용했던 그리스 델포이 신전의 경구 "너 자신을 알라"는 인간의 앎이 보잘 것 없음을, 우리가 제대로 아는 것이 없음을 있는 그대로 인정하라는 뜻이다. "지금 죽어서 온갖 수고로움으로부터 풀려나는 것이 최선임을 명확히 알고 있다"라고 말했던 소크라테스는 담담하게 여행을 떠났다. 삶의 길이 가시밭길이었기에 죽음은 그에게 오히려 쉽고도 편한 길이었다. 철학적 삶을 살다가 그로 인해 죽음의 길로 접어든 그에게 죽음은 절망이기는커녕 고난의 가시밭길로부터 벗어나는 기회였다. 사람들이 삶에 애착을 갖고 죽음을 한사코 피하려 하는 것은 영혼이 잠들어 있기 때문이다. 깨어 있는 영혼은 삶에만 집착하지도 않고 죽음을 절망이라고 단정하지도 않는다. 죽음은 두려운 현상도, 절망 그 자체도, 아무것도 없는 끝도 아니다. 소크라테스가 생각한 죽음은 다만 여유있게 받아들여야 할 하나의 사건에 불과했다.[48]

죽음 이해 비교 – 생사학과 현대인 죽음 이해의 차이

우리 사회 의료현장에서 심폐사와 뇌사가 마치 죽음정의라도 되는

---

48) 오진탁, 『마지막 선물』, 92-93쪽

듯이 활용되고 있고, 죽음에 대한 체계적인 교육도 찾아보기 힘들다. 대다수 사람들이 불행하게 죽어가는 것도 죽음문화의 부재, 웰다잉 교육의 부재에서 찾을 수 있다. 일반인은 죽음을 어떻게 이해하는 지, 의료현장에서는 죽음을 어떻게 설명하고 있는 지, 생사학은 죽음을 어떻게 이해하고 있는 지, 차이점과 문제점을 드러내기 위해 7가지 질문을 제기하고자 한다.

우리는 죽음과 관련해서 분명하게 4가지 사실을 알고 있다. 누구나 죽는다는 것, 언제나 죽을 수 있다는 것, 어디서나 죽을 수 있다는 것, 마지막으로 언제 어디서 어떻게 죽을 지 아무것도 정해져 있지 않다는 것이다. 인간은 죽음 앞에서 평등하지만, 누구에게나 평등하게 다가오는 죽음의 순간에 죽어가는 마지막 모습은 사람마다 다르다. 죽음에 임해 어떤 태도를 지니는 지에 따라 값진 죽음이 될 수도, 무의미한 죽음이 될 수도 있다. 7가지 질문과 연결지으면서, A 일반인의 죽음이해(의료현장에서 통용되는 죽음이해), B 생사학의 죽음이해 각각에서는 죽음을 어떻게 바라보고 있는 지 살펴보고자 한다.

자살자 유서 분석 통해 드러났듯이, 자살자는 자기 자신을 육체만의 존재로 이해해 자기가 자살하면 다 끝난다고 생각한다. 우리 사회의 죽음 이해는 자살자의 죽음 이해와 그다지 차이가 나지 않는다. 죽으면 다 끝난다는 우리 사회의 이런 죽음 이해가 자살을 야기하고 있는 것이다. 따라서 죽음정의 대신 죽음판정의 육체적 기준만 논의하는 사회에는 육체의 죽음이 전부라고 착각하는 사람이 많을 수밖에 없고, 그런 사회에 자살사례가 급증하는 등 불행한 죽음만 양산되는 것은 당연한 귀결이 아닐 수 없다.

우리 사회는 육체적 죽음과 사회적 죽음에만 관심을 가질 뿐 정신적 죽음과 영적인 죽음에는 무관심하다. 인간의 삶과 죽음, 생명 혹은 영혼

의 문제라는, 보다 큰 차원에서 죽음이 무엇을 의미하는 지, 인간으로서
존엄한 죽음은 어떤 죽음이어야 하는 지 먼저 심사숙고해야 하지 않을
까. 인간의 죽음은 뇌사나 심폐사처럼 죽음 판정의 육체적 기준만으로
정의하면 과연 충분한 지 다함께 심사숙고할 필요가 있다.

7가지 질문	A 일반인의 죽음이해	B 생사학의 죽음이해
1 인간의 죽음을 육체 중심으로 이해하는가?	인간의 죽음을 육체중심으로 이해한다.	인간의 죽음을 육체중심으로 이해하지 않는다.
2 죽으면 다 끝나는가?	죽으면 다 끝난다고 말한다.	죽으면 끝나는 게 아니라 다른 세상으로 여행 떠나는 것으로 이해한다.
3 영혼의 존재를 인정하는가? 부정하는가?	영혼의 존재를 부정한다.	영혼의 존재 인정, 육체가 죽으면 영혼이 다른 세상으로 떠난다.
4 영적인 성숙을 인정하는가?	영혼의 성숙 역시 부정한다.	죽음은 성숙의 마지막 단계라 하여 영적인 성숙 중요성 강조한다.
5 죽음을 절망, 두려움으로 보게 되는가?	육체와 이 세상 중심으로 죽음을 이해하니까, 두려움이나 절망으로 간주하기 쉽다.	죽음은 끝이 아니므로, 죽음을 두려움이나 절망으로 간주하지 않는다.
6 삶을 배움의 장소, 수행의 기회로 간주하는가?	이런 문제에 전혀 관심 없다.	세상에서 배움을 통해 영적인 성숙을 위해 노력해야 한다.[49]
7 그런 죽음 이해가 우리 사회에 얼마나 통용되가?	의료현장에서 죽음판정의 육체적 기준 뇌사, 심폐사가 죽음의 정의로 통용. 대다수 일반인들도 이렇게 생각한다.	우리 사회에서 생사학 연구가 미비하므로, 사회적 영향력은 없다.

육체 중심의 죽음판정 기준이 죽음정의를 대신하는 그런 사회에 죽
음문화가 성숙될 수 있을까. 자살처럼 불행한 죽음만 양산되는 게 아닌
가. 서양에서 생사학을 창시한 퀴블러-로스는 인간에게는 영혼이 있고

---

49) 퀴블러 로스에 따르면 우리는 배움을 얻기 위해 이 세상에 태어났다. 태어
나는 순간 누구나 예외없이 인생 학교에 등록한 것이다. 살아있는 한 인생
수업은 계속된다. 이 삶에서 충분히 배우지 못하면 수업은 언제까지나 계
속된다. 사랑, 관계, 상실, 두려움, 인내, 받아들임, 용서, 행복 등이 인생수
업의 교과목이라는 것이다.

단순히 이 세상에서의 생존 그 이상의 이유가 있다고 말한다.[50] 우리가 지금까지 정의한 것과 같은 그런 죽음은 존재하지 않는다고 결론을 내렸다. 이제 죽음 정의는 물질적이며 육체적인 것을 넘어, 영혼·정신·삶의 의미같이 - 순전히 물질적인 삶과 생존 이상의 - 무언가 지속되는 것이 있음을 고려해야 한다는 것이다.

50) 퀴블러-로스, 『삶과 죽음에 대한 기억』, 225, 226쪽

04

CHAPTER

죽음을 알면 자살하지 않는다

자살 미수자의 증언과 자살자의 죽음체험

자살자 유서 분석을 통해 자살자는 죽음을 잘못 이해하고 있음이 밝혀졌다. 불교의 구병시식, 최면치료, 임사체험, 무속 등의 관점에서 보면 자살 현상의 밑바탕에는 '죽음에 대한 오해'가 깔려 있다. 자살에 대한 근본적인 해결책은 정확하게 "죽으면 다 끝나는가", "자살하면 고통에서 벗어나는가" 등을 차분히 가르치는 데 있다. 죽음이 무엇을 의미하는지 안다면 자살하지 않게 되기 때문이다. 바로 이것이 자살 예방의 기본으로, 삶과 죽음의 준비교육이다.

자살 시도해 육체에서 벗어났다

한림대에서 「죽음의 철학적 접근」 수강했던 P군은 여러 차례 자살기도를 했다. P군이 마지막 시도에서 경험한 게 있다. 당시 P군은 자기 자신이 싫었다. 가족의 경제적 상황은 좋지 않았고, 어머니는 집을 나갔고, 아버지 혼자 3남매를 돌봐야 해서 3남매는 큰 이모 집에 신세를

지고 있었다. 고등학교 때 친구들은 그에게 '집도, 어미도 없는 자식'이란 꼬리표를 붙여줬다. 결국 버티지 못한 P군은 큰 이모 집 화장실에서 자해를 해서 정신을 잃었다.

오스트리아 구스타프 클림트(1862-1918) '리아 뭉크의 임종'

그 때 육신에서 벗어나 마치 제3자인 것처럼 자기 육신을 허공에서 내려다보는 경험을 했다. 큰 이모는 피를 흘린 채 타일에 누워 있는 학생을 보고 울면서 화내고 있었고, 사촌 형은 갑자기 마주친 상황에 당황해서 뭐라 말하기 힘든 표정을 짓고 있었다. 현실로부터 도망치기 위한 선택이었지만, 영혼은 육신에 묶여 떠나가지도 못하는 어쩡쩡한 상황이었다. 어리석은 선택을 두 명은 슬퍼하고 있는데 P군은 점점 창백해지는 자신의 얼굴을 보고는 무서워 움직일 수 없었고, 자신의 얼굴을 위에서 내려다보는 체험은 곧 끊어졌다. 시간 지나 P군이 다시 깨어난 곳은 병원이었다. 이런 경험을 통해 P군은 죽는다고 다 끝나는 게 아님을 알게 되었다.

자살 미수자의 증언

미국에서 임사체험을 연구한 레이몬드 무디가 밝힌 자살 미수자의 체험사례는 자살 예방 상담에 효과적이라고 칼 베커는 말한다. 임사체험자는 밝고 매력적인 사후세계를 체험하는 데 비해 자살 미수자의 체험은 전혀 다른 내용이기 때문이다. 자살 미수자의 체험은 '어둠의 체험'이라 불리는데, 어두운 우주의 한 가운데서 실낱같은 빛도 보이지 않는다. 자살 미수자의 '어둠의 체험'은 자살 시도자가 삶에서 겪는 좌절감, 절망감, 고독감보다 훨씬 쓸쓸하고 절망적이다. 어둠을 체험한 자살 시도자는 두 번 다시 자살을 시도하지 않는다.[1]

전통문화는 육체의 죽음 이후에도 영혼이 계속 생존하는 것을 믿어왔다. 그러나 현대 과학은 영혼 같은 정신작용은 뇌의 부산물이어서 뇌가 활동하지 않으면 정신 활동이 불가능하다고 주장한다. 의사들 대부분이 이를 믿고 있다. 그러나 주도면밀한 최근의 연구는 불교 전통의 지혜가 옳다는 사실, 뇌가 기능하지 않더라도 의식 활동이 가능하다는 것을 보여주고 있다고 칼 베커는 말한다.

W양은 직장에 사랑하는 애인이 있었다. 그런데 남자친구에게 또 다른 애인이 있었다는 사실을 알게 된 그녀는 두 번 다시 만나지 않으려 했다. 결국 그녀는 어떤 식으로 죽을까, 오직 죽는 방법만 생각해 충동적으로 자살을 시도했다. 그녀가 병원 침대에서 눈을 뜬 것은 46시간

---

1) 칼 베커, 이원호 역, 『죽음의 체험』, 생각하는 백성, 2007년, 228~229쪽

뒤였다. 가사 상태에서 그녀는 살면서 한 번도 느껴보지 못했던 엄청난 고통을 당했다. 활활 타고 있는 불 속에 몸이 떠 있어서, 마치 전자레인지 속에서 타고 있는 느낌이었다. 그녀는 자살이 미수로 끝난 뒤 다음과 같이 말했다.

> "내 경우에는 사실 자살하지 않으면 안 될 만한 이유는 없었다. 다만 그에게 죽겠다고 한 말이 계기가 되어 그 뒤로는 오로지 죽을 생각만 하게 되었다. 지금은 자살이 미수로 끝난 것을 천만다행이라고 생각하고 있다. 의사의 목소리를 듣고 살아 있는 자신을 다시 보았을 때, '아! 다행이다'라는 생각이 들었다."

자살을 시도해 일시적으로 겪은 사후세계의 무서움과 고통을 생각해 보면, 살아 있을 때의 고생 따위는 비교도 되지 않는다고 W양은 증언한다. 그녀는 자살 미수 체험을 통해 죽는 것보다 제대로 사는 것이 훨씬 중요하다는 것을 절실하게 깨달았다고 한다. 자살해 봤자 편할 게 전혀 없음을 직접 경험했기 때문이다.[2]

최면치료 통한 자살자의 죽음체험 회상

또 최면 치료했더니, 자살했기 때문에 "육체에서 떠난 후 아무도 맞이해 주러 오지 않아 캄캄한 암흑 속에서 울고 있었다"는 증언이 나오고 있다. 최면치료 과정에서 임종의 순간을 회상할 경우, 내담자는 죽은 이후 육체에서 영혼이 빠져나와 허공에 떠다닌다고 증언한다. 자연사로

---

2) 밝은 죽음을 준비하는 포럼, 『급증하는 자살, 어떻게 할 것인가』, 2004년 10월29일, 47쪽

죽음을 맞이했을 때는 곧바로 '빛'들이 맞으러 오기도 하고 자신이 눈부시고 따뜻한 빛에 싸여 가기도 하지만, 자살한 경우엔 "빛을 찾아서 소용돌이 속을 빙빙 돌고 있는 느낌"이 되어버린다. 지난 삶에서 할복자살했던 일본인은 최면상태에서 그것을 기억해 자기 시체에서 빠져나온 순간 "이런 일로 목숨을 끊나니 정말 바보스런 짓을 했어"라며 크게 후회한 것을 기억하고 있다.3)

히에로니무스 보스, '승천'(1500년)
임사체험자가 터널 통해 밝게 비추는 다른 세상으로 올라가는 모습을 그렸다.

임사체험 연구 50여 년 전부터 시작

임사체험자들이 증언하는 죽음 이후의 세계가 최근 새롭게 관심을 끌고 있다. 영어로 'Near-Death Experiences'라고 부르는 임사체험臨死體驗은 한마디로 임상적으로 죽음 판정을 받았다가, 얼마 뒤 알 수 없는 이유로 다시 되살아나 그 기간 동안 겪은 경험을 말한다. 임사체험 연구는 서양에서 50여 년 전부터 시작되어 전 세계에 수천만 건에 이르는 다양한 체험 사례가 수집되었고, 국제임사체험학회까지 결성되어 활동을 하고 있다. 1975년 미국의 레이몬드 무디 교수가 『삶 이후의 삶(Life After Life)』을 출간한 이후 많은 전문

---

3) 이이다 후미히코, 김종문 역, 『사는 보람의 창조』, 375-378쪽.

가가 연구 작업을 진행하고 있다.

뇌 기능이 전혀 없었던 파멜라 레이놀즈의 임사체험

최근의 연구에 따르면, 측정 가능한 뇌 기능이 전혀 없던 파멜라 레이놀즈는 자기 신체에서 벗어나 떨어진 거리에 있는 것을 기억할 수 있었고, 뇌 기능이 회복된 후에 이를 정확히 증언했다. 심장 전문의사 마이클 새봄은 파멜라 레이놀즈의 임사체험 사례를 세밀하게 기록했다.[4]

지금까지 뇌가 기억과 의식을 만들어낸다고 간주했지만, 네덜란드의 핌 반 롬멜 박사(신장전문 의학자, 뇌 전문가)는 임사체험 연구를 하면서, 뇌의 기능이 정지된 이후에도 영혼이 살아 있다는 결과를 제시하고 있다. 정신과 의사 피터 팬윅 박사도 말한다. "심장마비가 발생하면 뇌의 기능이 곧 멈춘다. 뇌가 멈추면 경험도 없어진다. 하지만 경험이 없어지지 않으면 뇌와 마음은 일치하지 않는 것이다."

뇌가 기능을 멈춘 상황에서 임사체험을 경험한 사례가 있다. 팸 레이놀즈는 수술실에 들어간 기억이 나지 않는다. 담당의사 스페츨러 박사도 기억나지 않는다. 전혀 기억이 없다. 팸 레이놀즈는 뇌수술 중 심장이 정지된 상태에서 의학적으로 사망했기 때문이다. 그러던 중 갑자기 불쾌한 소리가 나며 몸 밖으로 튕겨져 나가면서 육신에서 벗어나는 체험을 했다. 아래를 내려 보았더니 육신이 보였다. 그는 의사 어깨에도 앉아 있었고 의사 손에 있던 수술도구도 보았다. 수술을 받는 동안 수술진이 나눈 대화, 수술실에 틀어 놓았던 음악, 수술기구 등을 정확하게

---

4) 한림대 생사학연구소 편, 『죽음, 어떻게 이해할 것인가』, 한림대출판부, 2014년, 94~95쪽

기억했다. 그는 톱이라는 말을 들었다. 의사가 톱으로 두개골을 절개하려는 것 같았다.

심장내과 전문의 마이클 세봄 박사는 팸의 임사체험 사례를 조사하기 위해 스페츨러 박사를 인터뷰하러 갔다. 수술기록을 보고 실제로 팸이 유체이탈 중에 본 것이 실제로 일어난 일과 정확히 일치한다는 사실을 알았다. 자신의 두개골을 절개한 절단기도 팸은 기억하고 있었다. 팸은 수술 중 의료진의 대화를 들었는데 대화 내용을 정확히 기억하고 있었다. 당시 수술실에서 무슨 일이 있었는 지, 팸이 심장이 정지된 상태에서 정확하게 들었다는 것은 유체이탈이 존재한다는 뜻이다. 기본적인 삶과 죽음의 징후들이 의학적으로 철저히 모니터링 되는 순간에 일어난 전형적인 임사체험이다. 의학적인 죽음상태에서 일관된 인지와 기억을 유지한 것은 마음과 뇌가 분리될 수 있음을 암시한다. 팸의 임사체험이 심장이 정지되고 뇌파도 없는 상태에서 일어났다는 사실은 당시 모니터 기록으로도 확인되었다.

> "작은 불빛이 보였다. 그 빛이 몸을 잡아당겼다. 빛을 향해 나아갔다. 빛에 가까이 갔더니, 먼저 죽은 할머니가 불렀다. 39살 때 죽은 삼촌도 만났다. 삼촌은 살았을 때 그녀에게 기타를 가르쳐주었다. …… 그 때 돌아갈 시간이라는 것을 알았다. 삼촌이 그녀에게 돌아가라고 했다. 돌아가기 싫었지만 삼촌이 그녀를 밀었다."5)

칼 베커 교수, "죽음 끝이 아니다."

자살을 효과적으로 예방하기 위해서는 자살 자체에 초점을 맞추기보

---

5) BBC 'The day I died', 2004년

다는 이면에 숨어 있는 죽음에 대한 오해와 편견, 불행한 임종방식에 대해 심층적으로 재검토해야 한다. 자살 문제보다 죽음에 대한 이해와 임종 방식이 훨씬 중요하고, 죽음에 대한 오해로부터 자살이 발생하기 때문이다. 생사학 전문가 칼 베(교토대)도 다음과 같이 말한다.

> "사회심리학과 의학은 불교가 수 세기에 걸쳐 가르쳐온 사실을 점차 이해하게 되었다. 죽음은 끝이 아니다! …… 인간의 뇌 기능이 멈춘 후에도 의식이 존재한다는 증거는 의학을 통해 계속해서 밝혀지고 있다. 우리는 심장 정지와 뇌사로 죽음을 이해하고 있지만, 심장 정지와 뇌사 이후 과연 어떤 일이 일어나는 지 또한 매우 중요하다. 인간의 영혼이 육신의 죽음 이후에도 유가족의 기억과 삶에, 또한 죽은 당사자의 경험에 계속 유지되고 있다! 죽음에 대한 이와 같은 새로운 이해를 통해 우리는 어떻게 살아야 하는 지, 어떻게 죽음을 맞이해야 하는 지…… 배워야 한다. …… 그리고 자살이 더 이상 탈출구가 아님을 이해한다면, 우리는 자살을 예방할 수 있다."[6]

따라서 칼 베커는 죽음을 가르쳐 자살이 더 이상 탈출구가 될 수 없음을 이해시킨다면 우리는 자살을 더 잘 예방할 수 있다고 강조한다. 임사체험과 자살 미수자의 체험을 비교해 전하는 것만으로도 상담자에게 큰 영향을 준다는 것이다. 자살을 하면 현실보다 더 절망적인 상황에 놓인다는 사실은, 자살을 포기하고 보다 적극적으로 살고자 하는 의지를 북돋우는 계기가 되는 것이다. 미국에서도 이런 자살 예방 카운슬링은 효과를 나타내고 있다고 칼 베커는 말한다.[7]

---

6) 칼 베커, 「죽음, 끝이 아니다」, 『웰다잉과 성숙한 장례문화를 위하여』, 서울시설공단 주최 세미나, 2015년 9월, 27쪽
7) 칼 베커, 앞의 책, 229쪽

자살예방의 해법, "죽음을 알면 자살하지 않는다"

그러므로 자살에 대한 근본적인 해결책은 결국 정확하고 깊이 있게 "죽으면 다 끝나는 게 아니다", "자살해도 고통에서 벗어나는 게 아니다", "죽음을 알면 자살하지 않는다", "자살한다고 고통이 끝나지 않는다", "자살해서는 안 되는 이유" 등을 다양한 연령층의 눈높이에 맞게 제시하는 교육에 있다. 1997년부터 대학에서 죽음 준비교육 과목을 개설해 운영했는데, 외환위기 이후 자살문제가 우리 사회에 부각되고 있어서 2005년부터 생사학의 콘텐츠를 활용해 「자살 예방의 철학」 과목을 독립시켜 가르쳤더니, 자살 예방 효과가 예상 이상으로 나오고 있다.

우리 사회에는 죽음 문제를 전문적으로 연구하는 생사학 전문가를 찾아보기가 어렵고, 더구나 생사학의 자살 예방 관련 연구 역시 하나도 없어서 학술연구로 진행하기가 불가능했다. 하지만 2005년부터 「자살 예방의 철학」 과목을 개설해 운영해 보니까 기대 이상의 성과를 거두었다. 단지 생사학 이론만 가르치는 게 아니라 생사학을 입증하는 다양한 동영상을 함께 제시했더니, 20대 대학생들에게 효과가 있었다. 생사학의 자살 예방 효과가 2005년부터 축적되어 있었으므로, 2007년부터 책으로 출판하고 있다.[8]

---

8) 『마지막 선물』, 세종서적, 2007년
　『자살, 세상에서 가장 불행한 죽음』, 세종서적, 2008년
　『삶, 죽음에게 길을 묻다』, 종이거울, 2010년
　『자살 예방 해법은 있다』, 교보문고, 2013년
　『자살 예방의 철학』, 청년사, 2014년
　『죽으면 다 끝나는가』, 운주사, 2020년
　『죽음을 알면 삶이 바뀐다』, 운주사, 2021년

심리학의 양적 분석도구 활용

자살 예방 효과를 보다 구체적으로 제시하기 위해 심리학의 분석도구를 활용한다. 자살 시도자 교육사례는 생사학적 분석 중심으로 제시했고, 심리학의 양적 분석 도구를 보조로 활용해 우울증을 측정했다. 물론 이 연구의 핵심은 생사학적 분석에 있고, 우울증 수치 변화는 심리학의 분석도구를 사용했다. 수강생들이 매주 인터넷 강의를 수강하고 자유게시판에 올리는 소감문, 두 가지 리포트, 첫 시간과 마지막 시간 자살과 죽음 관련 의식조사 등을 기본 자료로 해서 수강생의 자살 시도와 우울증 관련 증상, 수강생 의식의 변화를 분석했다.

수강생 65명 대상으로 검사를 실시한 결과, 우울증으로 판정된 수강생이 7명이었다. 우울증에 걸려있는 수강생 7명은 한 학기 동안 다른 수강생들과 함께 똑같이 인터넷 강의를 수강했을 뿐 한 번도 직접 만나 상담하지 않았다. 또 특별 관리를 하지도 않았지만, 15주 강의를 마치고 우울증 검사를 다시 했더니 모두 정상적인 수준으로 바뀌었다.

생사학의 치유 효과가 시사하듯이, 죽음과 삶을 깊이 있게 가르치는

오 교수가 춘천고 학생 대상으로 '자살 예방의 철학'을 강의하고 있다.

생사학이 자살 예방의 해법으로 적합하다. 자살 현상의 근저에는 죽음
에 대한 오해가 깔려 있으므로, 생사학 교육을 통해 죽음과 삶의 질을
향상시킬 수 있으면 자살 예방의 토대는 자연스럽게 마련될 수 있을
것이다. 사실 죽음 문제에 비하면 자살 현상은 빙산의 일각에 불과할
뿐이다. 바닷물 아래에 잠겨서 우리 시야에는 잘 잡히지않지만, 자살
현상의 몸체는 죽음에 대한 이해 부족과 불행한 임종방식이다. 우리
사회의 죽음 이해와 임종 방식에 문제가 많아서 자살이 자주 발생하는
것일 뿐이다.

「자살 예방의 철학」 수강생 설문조사 결과

「자살 예방의 철학」은 매주 강의와 4가지 관련 동영상이 제공된다.
수강생들에게 이 강의는 3학점을 취득하는 과목이 아니라 죽음과 자살,
그리고 삶에 대한 인식을 획기적으로 바꾸는 과목이므로 매주 성실하
게, 또 꾸준히 수강할 것을 권한다. 수강생들의 의식변화가 교육효과로

분명히 드러났으므로, 생사학의 자살예방 콘텐츠로 진행되는 이 수업은 자살 예방의 효과가 높은 것으로 평가되고 있다. 이번 연구에서는 수강 생들의 의식변화와 함께, 분석도구를 활용해 우울지수의 변화를 구체적 인 수치로 제시하고자 한다.

「자살 예방의 철학」을 수강하는 학생 65명(남자 15명, 여자 50명)이 본 연구에 참여하였다. 먼저 수강생들에게, 본 연구는 생사학 교육 이후 수강생들의 의식변화를 보기 위한 것으로, 학기 초와 학기 말에 설문조사 가 이루어짐을 공지하였다. 참가 의사가 있는 학생들은 학기 초와 학기 말에 각각 온 라인 설문조사 시스템에 접속하여 연구 참가 동의서에 서명하고 설문에 응답하였다. 심리학의 전문분석 도구를 통해 자살 예방 효과를 분석했더니, 의미 있는 결과가 도출되었다. 자살행동은 사전에 비해 사후에 유의미하게 감소했고, 우울 증상도 사전에 비해 사후에 유의미하게 감소했으며, 자살억제 의지가 사전에 비해 사후에 유의미하 게 증가했다. 따라서 이런 심리학의 양적 분석 결과를 토대로, 상담전 문가도 자살 예방의 새로운 방법이라고 평가했다.

우울증 판정 학생 집중 분석9)

먼저 첫 시간에 검사 결과가 우울증으로 판정되었던 수강생 7명을

---

9) 「자살 예방의 철학」을 2005년부터 실시해 여러 차례 분석한 결과, 교육효 과를 이미 여러 차례 제시했으므로, 일반 수강생에 대한 조사는 진행하지 않았다. 이번 연구에서는 고위험군 7명에 대한 조사에 초점을 맞추었다. 우울증 분석 도구는 상담전문가 조용래 교수의 자문을 받아 우울증 척도 를 다음과 같이 구성했다. Beck 우울척도-II(Beck Depression Inventory-II: BDI-II)를 사용. BDI-II는 Beck, Steer와 Brown(1996년)이 우울 증상의 심각

집중 분석한다.[10)]

사례 1) "자살, 고통의 해결책 아니다"

우울증 점수 변화: S양 첫 시간 검사 29점, 마지막 검사 17점.[11)]

자살 시도와 우울증 관련 증상: 어릴 때부터 몸이 약해서 많이 아팠다. 어느 날 자다가 아파서 깼는데, 옆에서 잠든 가족 얼굴을 보고 순간적으로 자신의 목을 조르기 시작했다. 그 때 '나만 없으면' 하는 생각이 컸던 것 같다고 했다. 첫 번째 자살 시도 이후에도 S양은 자주 자살을 생각한다. 공부도 못하고, 꿈도 없고, 외모도 초라한 자신이 너무나 싫다고. 집에 오면 빚에 허덕이는 부모님을 볼 때마다 숨이 막혔다. 죽으면 힘든 상황에서 벗어날 수 있지 않을까 상상했다. S양은 10대 때 자살

도를 측정하기 위해 사용해 오던 BDI를 Diagnostic and Statistical Manual of Mental Disorders-4th edition(DSM-IV; American Psychiatric Association, 1994년)의 준거에 더 적합하게 수정한 척도로, 총 21문항의 자기 보고형 질문지·신체·정서·인지 영역에서 나타나는 우울 증상을 평가하며, 문항별로 제시되는 네 개의 문장 중 지난 2주 동안 자신의 경험에 가까운 한 문장을 선택하도록 되어 있다. 본 연구에서는 성형모 등 (2008년)이 번안해 타당화한 한국판 BDI-II를 사용하였다. 본 연구에서 수집한 자료로 산출한 척도의 내적 일치도(Cronbach's α)는 90이었다.

10) 어떤 힘든 일이 있었는 지, 교육을 받은 이후 왜 자살을 더 이상 생각하지 않게 되었는 지, 구체적으로 제시한다. 7명을 한 학기 동안 한 번도 직접 만나 상담하지 않고 다른 수강생들과 함께 「자살 예방의 철학」을 수강하는 방식으로 진행했다.

11) 우울증 검사에서 25점 이상이면 우울증으로 판단한다. 학기초 심리검사 통해 우울증 증상을 정확히 양적으로 측정하고, 15주 동안 교육을 실시한 다음, 학기 말에 다시 우울증 검사를 통해 변화를 측정했다.

고위험군 진단을 받았다. 그 때 학교에서 받은 것은 외부기관에 상담을 받으라고 권하는 서류 한 장뿐이었다. 솔직하게 작성한 게 잘못이라는 생각이 들어 그 이후로는 마음 속 이야기를 있는 그대로 쓰지 않는다고 했다.

교육 이후 변화: S양은 살다가 힘들면 어려움에서 벗어나는 방법으로 자살을 선택할 수 있다고 생각했다. 처음에는 수업 듣는다고 과연 무엇이 나아질 수 있을까 의심했다. 그러나 한 학기 동안 생사학 교육을 받은 S양은 자살해서 모든 게 끝나는 게 아니라면, 지금 힘든 시기를 견디고 참아내야 한다고 말한다. 어떤 사람이 힘들었을 때 누군가 그의 말을 들어주었더라면, 자살 생각을 바꾸었을 것이라는 말에 S양은 자기도 그런 마음이었다면서 울컥했다고 한다. 어느 누구도 고통스러운 죽음을 바라지 않지만, 단지 자신의 문제를 해결할 방법이 없어서 극단적인 선택을 하게 된다. 죽음과 자살에 대한 생사학의 체계적인 교육, 또 관련 영상자료를 통해 간접체험을 했던 S양은 자살이 현실 고통의 해결책이라는 잘못된 생각을 바꾸게 되었다. 앞으로는 더 이상 자살을 생각하지 않게 되었다고 말한다.

사례 2) "죽는다고 고통에서 벗어나는 게 아니다"

우울증 점수 변화: B양 첫 시간 검사 31점, 학기말 검사 17점.

자살 시도와 우울증 관련 증상: B양은 중학교 3학년 때 친구 사이의 사소한 말다툼으로 학교생활이 원하는 대로 이루어지지 않자, 점점 학교와 집에서 짜증이 늘어났다. 어느 날 유서를 쓰고 자살을 결심했다. "정말 내가 살아서 뭐해. 집에서도 나를 원하지 않아. 엄마도 내가 차라리 태어나지 않았으면 좋았겠다고 말하잖아." 벽장에서 옷걸이를 꺼내

춘천 소양강 석양, 해지는 모습은 매 순간마다 바뀐다.

두 차례 자살을 시도했지만 실패로 끝났다. 스트레스를 받으면서 극심한 우울증과 불면증이 생겼고, 자살 시도를 할 무렵에는 거의 은둔생활을 했다.

교육 이후 변화:「자살 예방의 철학」을 수강하면서 B양은 자살과 죽음에 대한 의식이 정말 확연히 변했다고 했다. 더울 때나 짜증날 때나 힘들 때마다 죽겠다는 말을 입에 달고 살았지만, 이런 말이 얼마나 무서운 말인 지 이제 알게 되었다. 우울한 기분이 들 때 예전에는 사람을 만나지도 않고 집에만 박혀 있었는데, 이제는 우울증이 자살로 이어질 수 있다는 생각에 친구들을 더 자주 만나고 가족과 더 많이 대화하려고 노력하고 있다. B양은 다음 내용에 충격을 받았다. "사람들은 죽으면 모든 게 해결된다는 잘못된 생각을 하고 있다. 생사학 교육을 통해 죽음이 끝이 아니고 인간의 성숙, 영혼의 성숙이라는 열린 시각을 갖는 것이 바람직하다." 이 전에는 자살하면 모든 게 끝난다고 생각했던 학생은, 죽음과 자살에 관련된 다양한 강의내용과 동영상 자료를 통해 자살의 문제점을 확실히 알게 되었다. 또『자살 예방 해법은 있다』를 읽으면서 죽는다고 문제가 해결되지 않는다는 사실을, 다양한 예시를 통해 보다 확실히 마음 속에 각인시켰다.

사례 3) "자살 생각을 하지 않은 적이 없었다"

우울증 점수 변화: C양은 첫 시간 검사 28점, 마지막 검사 16점.

자살 충동과 우울증 관련 증상: 평소 우울증에 시달렸던 C양은 사는 것과 죽는 것의 고통은 같다고 느꼈다. 평소에는 굳이 살아서 고통을 받을 필요가 없고 그냥 죽어버리는 것이 좋겠다고 생각했다. 자살을 하나의 해결책이라 여겼다. 정말 삶이 너무 고통스러운 사람들에게는 자살이 하나의 도피처로 간주되는 것이다. 자살은 당사자의 선택이므로 다른 사람이 간섭할 일이 아니라고 생각했다.

교육 이후 변화: "사실, 자살 생각을 하지 않은 때가 한 순간도 없었다. 자살하게 되면 자살이 모든 문제를 해결해 줄 것만 같은 생각이 마음을 지배했다." 그러나 죽음과 자살에 대한 생사학 교육을 받으면서 고통과 마주치게 되는 것은 삶의 자연스러운 현상이고, 삶의 과정에서 고통을 만나고 극복하는 것이 우리의 할 일이라고 수업을 통해 배웠다. 자살한다고 어려움에서 벗어나는 게 아니라 더 큰 난관에 봉착하게 되기 때문이다. '죽고 싶다'는 말은 '잘 살고 싶다', '지금과는 다른 방식으로 보다 잘 살고 싶다'는 뜻이다. 또 자살은 아직 자신이 배워야 할 과제를 남겨두고 죽는 어리석은 행위임을 C양은 알게 되었다. 「자살 예방의 철학」을 듣지 않았더라면 자살 충동을 결코 멈추지 못했을 것이라고 말했다. 잘 살아보고 싶은데, 일이 뜻대로 풀리지 않으니까 마지막 수단으로 자살을 선택하는 것일 뿐이라는 것이다. C양은 강의를 들을 때마다 죽음에 대한 인식이 조금씩 더 바뀌는 모습이 신기했고, 한 학기 강의를 통해 죽음과 삶, 그리고 고통에 대한 인식이 많이 변한 게 놀랍다고 했다.[12]

치유요인은 다음과 같이 요약된다.

---

12) 우울증으로 판정되고 자살을 시도했던 7명 학생들의 사례 중 3가지 사례를 구체적으로 제시했다. 다른 4명은 처음과 마지막 시간에 행한 우울증 검사결과만 제시한다.
   사례4 L양, 첫 시간 검사 25점, 마지막 시간 검사 17점
   사례5 P양, 첫 시간 검사 33점, 마지막 시간 검사 16점
   사례6 K양, 첫 시간 검사 28점, 마지막 시간 검사 15점
   사례7 J양, 첫 시간 검사 35점, 마지막 시간 검사 15점

자살은 해결책이 아니다

죽는다고 모든 게 끝나는 게 아니고 자살한다고 문제가 해결되지 않는다는 사실을 가르치고, 동영상을 통해 자살하면 고통이 해결되기는커녕 더 큰 난관에 봉착하게 되는 사실을 직접 보여주었다. 그랬더니 자살 시도 수강생들은 큰 충격을 받아 자살이 더 이상 현실 고통의 해결책이 될 수 없음을 알게 되었다. 죽음을 알아야 잘 살 수 있다. 학생들은 죽음이 끝이 아니라 새로운 삶의 시작으로 인간의 성숙, 영혼의 성장이라는 보다 열린 시각을 갖게 되면서 죽음에 대한 생각이 확연히 변했고, 삶에 대한 가치관 역시 변했다. 보다 잘 살기 위해 노력해야 한다는 사실을 알게 되었다.

현실의 고통을 받아들여 감내해야 한다

어떤 학생은 자살할 생각을 한 순간도 하지 않은 적이 없었지만, 죽음과 자살에 대한 생각이 변하면서 삶에서 마주치게 되는 고통 인식 역시 바뀌게 되었다. 생사학에 따르면, 고통은 누구나 삶의 과정에서 만나게 되는 것으로, 자살을 통해 도망치는 대신 자신에게 주어진 고통, 즉 과제를 수용해 극복하는 것이 바로 자기가 할 일이라는 식으로 생각이 바뀌게 되었다.

'죽고 싶다' 대신 '잘 살고 싶다'

'죽고 싶다', '자살한다'는 말은 죽겠다는 뜻이 아니다. '이렇게 살기 싫다', '지금 방식으로 살기 싫다.' 그러니까 '다른 방식으로 살고 싶다',

'보다 잘 살고 싶다'는 뜻이다. 따라서 수강생들은 교육을 받은 이후 '자살하고 싶다'는 말을 하지 않고 '보다 잘 살고 싶다'고 말이 크게 바뀌게 되었다.

수업 첫 시간 우울증 검사에서 25점 이상이 나와 우울증으로 평가된 수강생 7명은 한 학기 동안 「자살 예방의 철학」을 수강했을 뿐 한 번도 직접 만나 상담하지 않았다. 다른 수강생들과 똑같이 인터넷 강좌를 수강했을 뿐이지만, 마지막 시간의 우울증 검사에서 모두 정상적인 수준으로 바뀌었다. 학생과 직접 만나 상담을 진행하지 않았으므로, 학생들이 제각기 고민하던 문제를 직접 들어볼 기회도 없었다. 학생이 고민하고 있는 개인적 문제가 해결되지 않더라도, 죽음과 자살을 생사학적으로 깊이 있게 가르치고 관련 동영상 자료 통해 간접 체험하게 했더니, 학생들의 생각이 크게 바뀌어 더 이상 자살 생각을 하지 않게 되었던 것이다.

최양, 자살예방은 불가능하다고 생각했지만

자살을 시도했던 최 양은 수업을 듣기 전까지만 해도 자살을 예방하는 것은 불가능하다고 생각했다. 사회복지학을 전공하는 최양은 자살예방센터를 방문한 적이 있었다. 센터에서는 자살을 시도하려는 사람들이 직접 방문하거나 전화를 할 경우에만 예방 프로그램을 제공할 뿐이었다. 센터에는 인원도 부족하고, 자살을 시도하려는 사람은 사람들의 눈에 드러나지 않는다. 그래서 다양한 동기로 자살하려는 사람을 예방하는 것은 불가능하다고 최 양은 생각했다. 하지만 「자살 예방의 철학」 수강을 통해 죽음이 끝이 아니라는 사실, 자살한다고 고통이 끝나지 않는다는 사실을 배우면서 자살을 예방할 수 있겠다고 생각한 최 양은

자발적으로 자살예방을 위해 동영상을 찍기도 했다.[13]

2023년 1학기 수강생 중 자살 시도 학생 28%

　2023년 1학기「죽음이 철학적 접근」수강생 32명 중 자살을 시도한 경험이 있다고 스스로 밝힌 학생은 9명, 28%이었다. 수강생들에게 개인 프라이버시는 100% 보장하고 어떤 아픔이 있었는지 담당교수에게 털어 놓으면 상처 극복과 치료에 도움을 주겠다고 말했더니, 아무에게도 말한 적이 없었던 아픈 경험을 9명의 학생이 털어놓았다. 취업포탈 '사람인'이 2030세대 1800여명 조사에서 22.5%가 자살 시도 경험이 있다는 결과가 나와서 충격이었는데, 조사 대상이 많지 않은 이번 조사에서는 9명, 28%가 나왔다. 따라서 2030세대에서 자살 시도자가 22.5%라는 조사결과는 우연이 아니라고 생각한다.

　M군의 경우, 학창 시절 죽음은 최후의 도피처라고 생각해 모든 것을 끝낼 수 있는 해방구로 여겼다. 그 문을 열기

---

13) 유튜브 동영상 "한림대 인터넷 강좌 자살예방의 철학 2013년 1학기 수강 했던 대학생 인터뷰"

위해 자살을 시도했지만 성공하지 못했다. 학생은 죽으면 다 끝나는 줄 알고서 자살을 선택했던 것이다. 자살에 실패한 이후, 죽을 용기도 내보았는데, 무엇을 못하겠는가 하는 마음으로 살아왔다고 했다.

수업을 들으면서 학생은 "죽고 싶어 자살하는 사람은 없다"는 말에 크게 공감했다. 불우한 학창 시절 이런 저런 문제에 부딪혀 자살을 고민했다. 죽으면 모든 상황이 끝날 것 같았고 자살은 해결책으로 보였다. M군은 수업을 들으면서 재미있는 표현을 발견했다. "죽음은 육신의 죽음일 뿐 영혼은 다른 세상으로 떠난다." 학생은 자살하면 다 끝난다고 생각했지만, 생사학은 끝이 아니라 새로운 시작이라고 말한다. 학생은 수업을 듣고 『죽음을 알면 삶이 바뀐다』를 읽고 생각이 바뀌었다. 죽는다고 고통이 끝나는 게 아님을 안다면 자살을 생각하지 못하게 될 것이라고 M군은 말한다.

S양은 고교 졸업 이후 사회 생활하던 중 24세 때 어른들에게 속아 다단계보험을 했고 서울보증보험에 큰 돈을 빚져 매일 전화로 협박을 받았다. 자살 충동을 느껴 마지막 남은 만원으로 연탄을 사고, 유서를 울면서 작성했고 마지막으로 어머니에게 전화했더니, 약간의 도움을 받아 겨우 견뎌낼 수 있었다. 또 2023년 3월3일 10여년 이상 함께 살아온 반려묘가 세상을 떠나 충격을 받아 또 한 번 자살까지 생각했다. 자살을 생각했을 때에는 죽으면 다 끝난다는 믿음이 있었다고 말했다.

S양은 고향이 속초여서 어릴 때 바닷가에서 무당이 굿하는 모습을 자주 보았다. 친구 아버지가 바다에 나가 죽어서 넋을 달래주기 위해 굿을 했다. 굿 하는 중에 친구 아버지의 영혼이 친구의 큰 어머니에게 실려 갑자기 경련을 일으키더니 막 뛰어가 친구 집을 찾아갔다. 그 당시 친구네는 집을 허물고 새로 집을 완공했는데, 새 집을 보고 큰 어머니에 실린 친구 아버지 영혼은 우시면서, 나중에 다시 만나자는 말을 하고

떠났다고 한다.

S양은 이 사례 이외에도 죽음 관련 다양한 경험이 있었고, 수업을 들으면서 유튜브 통해 최면치료, 무속인 등 죽음 관련 다양한 영상을 자주 보았다. 「죽음의 철학적 접근」 수업을 수강하고 과제로 제시된 책을 읽은 S양은 심리학과 학생이어서 병영생활 전문상담관이 되어 죽음을 제대로 설명하는 상담원이 되도 싶다고 말한다. 심리상담, 임상심리 전문가들이 죽음을 공부하면 상담을 보다 효과적으로 진행할 수 있을 거라고 S양은 말한다.14)

자살 현상의 뿌리, 자살하면 고통에서 벗어난다?

자살 예방은 1차 예방교육, 2차 위기개입, 3차 자살 시도자 사후관리로 진행된다. 우리 사회는 2차 위기개입 위주로 진행해 오다가 최근에 3차 사후관리를 추가로 진행하고는 있지만, 정작 자살 예방이 죽음에 대한 깊이 있는 이해 없이 이뤄져 왔고, 예방교육은 체계적으로 실시되고 있지 않다. 앞에서 자살자 유서를 중심으로 살펴보았듯이, 자살 현상

---

14) 2명 이외에 다른 7명 수강생들도 마음에 아픔이 있었다. 중학생 때부터 불안증세가 있던 학생은 자살을 여러 차례 시도했고, 18살 때 극심한 우울증으로 자퇴해 허벅지 깊숙한 곳에 칼자국을 냈던 여학생은 오랫동안 우울증 약을 복용하고 있었다. 또 다른 학생은 5살 때부터 수영을 꾸준히 배워 고교 1학년 때 수영선수 생활하다가 허리에 부상 입어 수영선수 꿈을 포기하게 되니까 자살을 두 번 시도하는 등, 9명은 제각기 아픈 마음의 상처가 있었다. 수업을 수강한 이후 자살을 시도했던 9명은 한 학기 동안 자살과 죽음 관련 다양한 주제의 강의, 관련 동영상 시청과 질의응답 시간 통해, "자살한다고 해결되지 않는다"는 것을 알게 되었으므로, 앞으로는 자살을 생각하지 않는다고 말했다.

독일 공영방송은 2012년 11월 '죽음과 함께 사는 삶' 집중 조명.
"Sie werden Sterben" (당신은 죽게 됩니다) 이런 광고판이 버스 정류장, 지하철역과 가판대 뒤덮었고,
방송에서는 죽음 관련 애니메이션을 보여주고 호스피스 방문 프로도 진행했다. 교사들에게는 죽음
관련 수업자료 배포했다.

의 근저에는 '죽음에 대한 잘못된 인식'이 깔려 있다. 사람들은 죽으면
다 끝나니까, 자살과 함께 삶의 고통에서 벗어난다고 착각한다.

　자살자의 죽음에 대한 오해를 풀어주기 위해 현대의 임사체험, 현대
정신건강의학의 최면치료 등 통해 죽는다고 다 끝나는 게 아니라는 사
실을 알려주었다. 또 무속, 최면치료, 천도재와 구병시식의 자살 예방
콘텐츠를 통해 자살이 더 이상 탈출구가 될 수 없고, 자살하면 더 절망
적인 상태에 놓인다는 사실을 제시했다. 이와 같은 생사학의 자살 예방
콘텐츠를 바탕으로, 여기에서는 우울증에 걸려 자살을 시도한 학생들이
생사학 교육을 받은 이후 왜 더 이상 자살을 생각하지 않게 되었는 지,
생사학이 어떤 치유 효과가 있었는 지 보다 구체적으로 살펴보았다.

죽음 통해 삶을 배운다

이 장에서는 우울증과 조울증, 자살 충동과 시도, 또 가족이나 친구의 자살로 인해 힘들었던 대학생들에게 도대체 무슨 일이 있었는 지, 「자살예방의 철학」 수강 통해 왜 더 이상 자살을 생각하지 않게 되었는 지, 자기가 고민하는 문제가 해결되지 않았음에도 왜 마음이 바뀌게 되었는 지, 그리고 어떻게 바뀌게 되었는 지, 대학생들의 육성 증언을 직접 들어본다.

사례 1) 할머니가 어느 날 갑자기 사라지셨다

H양은 「죽음의 철학적 접근」 강의도 물론이지만, 『자살 예방 해법은 있다』 또한 죽음에 대한 생각을 많이 바꿔놓은 계기가 되었다고 했다. H양은 원래 종교에 대해 회의적이고, 영적인 존재나 그러한 경험에 대해 불신하는 사람이었다. 과학적으로 증명된 결과만을 믿고, 그렇게 받

아들이는 것이 편한 사람이었다. H양이 이 수업을 듣게 된 가장 큰 이유는 친할머니의 사건도 있었고, 「호스피스의 이해」라는 과목을 들었기 때문이라 한다. 그 과목을 듣고 나서 죽음에 대한 호기심이 생겼는데, 때마침 「죽음의 철학적 접근」 과목을 알게 되어서 신청하였고, 큰 변화를 가져다주었다고 했다.

H양이 19살 때 친할머니, 그러니까 아버지의 어머니가 자살을 하였다. 어린 고등학교 시절에 할머니의 죽음은 고통스러운 것이었다. 할머니의 죽음 뒤 남겨진 이들은 한없이 슬프고, 힘들고, 돌아가신 분을 그리워하며 세월을 보내게 되었다. 할머니의 자살 이후 가족들은 너무나 힘든 세월을 보냈다. 돌아가시기 전날까지만 해도 부모님과 재미있게 통화하며 웃으시던 분, 평소 쾌활하고 밝으신 분이었다. 명절마다 내려가면 내 새끼들 왔느냐며 언제나 기쁘게 반겨주시던 분이셨다.

하루 아침에 할머니가 가족들 앞에서 사라지셨다. 그 일 이후 자살이라는 단어가 보이기만 하면 할머니 생각에 슬픔과 괴로움이 몰려왔고, 죽음에 대한 생각은 안 좋게 자리 잡아버렸다. H양이 이 강의를 듣게 된 이유도 할머니를 이해해 보고 싶어서였다. 왜 그러한 방법으로 떠나셔야 했는 지, 왜 자식들과 손주들 가슴에 못을 박고 가셨어야만 했는지, 이 강의를 들으면 조금이라도 이해할 수 있을 것으로 생각했다. 죽음에 대해 한 번도 배운 적이 없던 학생에게 할머니의 죽음은 충격이었다. 자살이 얼마나 나쁜 것인 지 뼈저리게 깨닫게 되었다.

중학교 3학년 때 딱 한 번이지만, 따돌림을 당하던 같은 반 학우가 친구들 몰래 자살하러 옥상에 올라가는 것을 H양이 말린 적이 있었다. 옆에서 이야기를 들어주고 다시는 자살을 생각하지 않게 늘 옆에 있어주었다. 나중에 그 친구를 다시 만났을 때, 그 때 자기를 말려줘서 정말 고맙다고 몇 번이나 말했다. 그 당시에는 그저 그 친구가 죽지 않기를 바라는 마음으로 말린 것이었지만, 수업 듣고 책을 읽고 나서 생각해 보니 정말 잘한 일이었다고 생각된다고 했다.

사례 2) "살기 힘든데 왜 자살하면 안되는가"

살면서 '죽고 싶다'는 생각을 안 해본 사람이 있을까? 사람들은 죽음에 대해서 너무도 가볍게 얘기하곤 한다. '힘들어 죽겠다', '졸려 죽겠다', '배고파 죽겠다' 등등, 일상 속에서 흔히 듣고 하는 말들이다. 실제로 사람들은 자살의 유혹에 종종 빠지곤 한다. 일이 뜻대로 안 풀려서, 생각지도 못한 나쁜 일이 생겨서, 미래가 불투명해서 등등 이유는 많다. "삶이 괴로워서 죽으려는 사람은 왜 자살하면 안 되나요?" 이 질문에 대해 학생은 스스로의 선택이라고 말한다. 죽음이 끝이고, 죽음만이 고통에서 벗어나게 해줄 수 있다고 사람들은 생각한다. 그러나 만약 죽음이 끝이 아니라 다음 스테이지가 있다면 어찌할 것인가?

최면치료를 통해 우울증의 원인을 발견하게 된 환자 이야기이다. 이 환자는 우울증이 너무 심해서 이런저런 치료를 해보았지만 차도가 없어 최면치료를 받았다. 그는 과거 삶에서 부잣집 중국인이었으나, 20살 무렵 아버지가 사고를 당해 돌

아가신 뒤 집안이 몰락하고 스스로 마음을 못 잡아 자살을 선택했다. 놀라운 건 현생의 모습 또한 과거의 삶과 비슷한 점이 많다는 것이다. 어릴 때 부모님이 모두 돌아가시고 큰 형과 형수 손에서 모멸감을 많이 느끼며 자랐고, 경제적으로도 힘들어 마음의 여유 없이 불안한 마음을 갖고 살아가고 있었다. 마치 과거의 삶에서 열심히 살며 극복해야 했었던 것을 이번 생에서 한층 더 어렵게 재시험을 보는 듯 했다.

이 사례를 읽고 학생은 정말 머리를 한 대 맞은 듯한 충격을 느꼈다. 학생 또한 살면서 많은 자살 충동을 느꼈다. 정말 심각하게 생각한 적도 많았는데, 이유가 가정불화였다. 사람을 정말 무기력하게 하는 것은, 가족 관계처럼 스스로 선택할 수 없는 경우다. 가족관계는 학생이 아무리 노력해도 바꿀 수 없다는 것을 처절하게 느꼈고, 그 감정은 학생을 자살로까지 몰고갔다. 물론 주변의 도움으로 잘 이겨냈지만, 아직까지도 아찔한 기억이 남아 있다고 했다. 다음은 학생의 수강 소감이다.

"죽고 싶은 게 아니다"

"『우리가 걱정하는 일의 90%는 일어나지 않는다』라는 제목의 책이 있다. 실제로 우리가 하는 걱정의 대부분은 공상에 불과하며, 실제 연구자들에 따르면 걱정의 90%는 절대 일어나지 않는다고 한다. 『모르고 사는 즐거움』의 저자인 심리학자 어니 젤린스키는 구체적인 수치를 제시했다. '우리가 하는 걱정의 40%는 절대로 일어나지 않으며, 30%는 이미 일어난 일에 관한 것이고, 22%는 굳이 걱정할 필요가 없을 정도로 사소하다. 4%는 걱정해 봤자 어쩔 수 없고, 나머지 4%는 충분히 우리 힘으로 바꿔놓을 수 있는 문제이다.'

죽은 사람들 중 한이 많은 사람은 구천을 떠돌고, 자살한 사람은 다른 세상으로 떠나지 못해 저승을 못 간다고 한다. 또한 우리에게 가장 큰 죄가 바로 자살이고, 부여된 명을 살지 못했기 때문에 벌점이 크다고 한다. 따라서 그 사람은 사람으로 다시 태어날 수 없고 사후세계에 편안히 머물 수도 없다고 한다. 자살한다고 고통이 끝나는 게 아님을 안다면 결코 자살할 수 없을 것이다. SNS에 떠도는 유명한 말이 있다. '너는 죽고 싶은 게 아니라, 그렇게 살고 싶지 않은 거다.' 내가 힘들 때마다 나 자신에게 이렇게 말한다. '그래, 나는 죽고 싶은 게 아니라 더 나은 삶을 살고 싶은 거야, 좀 더 노력하자.'"

사례 3) "나는 조울증 환자였다"

학생은 개인의 판단에 따라 자살해도 된다고 생각했다. 목숨을 좌지우지할 권리는 개인에게 있다고 했다. 가수 종현의 죽음에 더 동요되고, 그의 자살에 눈물을 흘렸다고 한다. 학생은 살면서 삶의 포기를 며칠간 골똘히 생각했던 적이 있다. 자살 시도도 했다. 종현의 유서가 공개된 날, 지난 날 아픔이 생각나 기숙사 침대에 가로 누워 눈물을 한 움큼 쏟아냈다. 의사는 학생이 '조울증'이라 했다. 치료를 위해 상담도 받아보고, 검사는 다 받아보았지만 치료 방법을 찾을 수 없었다. 의사와 상담원은 '자살하지 말라'라고만 했지 왜 자살을 하면 안 되는 지, 죽고 나면 어떻게 되는 지 이야기해 주지 않았다. '자살하지 말라'라는 말에 대한 반항심은 극에 달했다. 죽으면 다 끝이라는 생각에, 편안해지기를 간절히 바랐다. 바로 3년 전 이야기. 학생은 '조울증'에 대한 치료를 끝맺지 못한 채로 병원에서 도망치듯이 치료를 강제 중단했다. 그런 의미에서 강의와 책을 접한 것은 대학생활 중의 큰 행운이라 했다. 다음은 학생의 수강 소감.

"조울증에서 어떻게 벗어나게 되었는가"

"현대인들은 죽으면 다 끝난다는 안일한 생각을 가지고 있는 듯하다. 나 또한 죽으면 다 끝이고 편안해질 것이라는 생각을 가지고 있었다. 하지만 죽으면 끝이 아니라는 사실, 육신과 영혼이 분리되는 과정에 대한 여러 사람들의 증언을 읽고 나는 저절로 고개를 끄덕이게 되었다. 다양한 사례와 증언은 나를 설득시키기에 충분했다. 특히 김영우 박사의 최면치료 장면을 글로 적어놓은 것이 인상 깊었다. 정신건강의학이 다 해결해 주지 못하는 부분이 있다는 것을, 나는 조울증 치료과정에서 직접 체험한 바 있기 때문이다. 최면치료를 통해 과거의 나를 만나면서 현재의 자신을 보다 깊이 있게 이해하게 된다는 것이 매우 흥미로웠다. 처음에는 한국 사회에서 쉽게 접근하지 못하는 독특한 치료방식이어서 생뚱맞다고 생각했다. 하지만 환자들의 다양한 치료 사례를 보며 보다 열린 시각으로 최면치료를 바라볼 수 있게 되었다. 과거의 삶이 현재의 삶에 미치는 영향이 드러나면서, 환자들은 당면한 문제를 하나씩 풀어나가는 모습을 보았다. 나 자신도 희망이 없다고 생각할 때마다 자살을 돌파구로 생각했던 적이 많았다. 『자살 예방 해법은 있다』를 읽고 치료 사례를 통해 공감하고 또 위안을 얻을 수 있었다. 앞으로 삶의 과정에서 어느 날 갑자기 마음이 요동친다면 주저 없이 이 책을 집어들 것이다."

사례 4) "자살을 매 순간 생각하고 있었다."

"이은주, 정다빈, 안재환, 최진실, 최진영, 그리고 박용하 등등 스타들이 줄줄이 스스로 목숨을 끊는 일이 몇 년 사이 벌어지고 있다. 노무현 전 대통령까지 바위에서 몸을 던져 우리나라는 큰 충격과 깊은 슬픔에 빠져들었다. 97년 말 외환위기 이후 자살률이 크게 늘었다. 사실, 나도 자살에 대한 생각을 하지 않은 순간이 없었다. 학년이 높아질수록 미래에 대한 근심은 늘어만 갔다. 반드시 장학금을 받아야한다는 의무감 때문에 학업에 집중하지 못하였다.

이 것도 저 것도 아닌 내 모습에 실망하여 나 자신을 학대해 술도 마시고 담배도 피웠다. 원래의 자리로 돌아갈 수 없을 것만 같은 생각이 들면 들수록 더욱 어둡게 생각하게 되었다. 자살을 하게 되면 자살이 모든 문제를 해결해 줄 것만 같은 생각이 내 마음을 지배했다. 자살만 하면 모든 일이 해결되고 마음이 평안해질 것 같은 느낌이었다. 하지만 죽음으로 인해 모든 일이 해결될 것이라는 생각은 착각이었다. 『삶, 죽음에게 길을 묻다』를 읽고 '삶과 죽음은 단절이 아니라 연속'임을 알게 되었기 때문이다. 자살을 감행함으로써 자신의 불행한 삶으로부터 단절되기를 바라지만, 자기 삶과 자살행위로부터 자유로울 수 없다고 한다. 그의 삶, 자살행위, 죽음 이후의 삶, 세 가지는 결코 단절될 수 없기 때문이다.

책을 읽고 수업자료를 들여다보면서 많은 것을 느꼈다. 책에서 사람들의 자살사례를 보면서 자살에 대한 생각이 많이 바뀌었다. 자살하면 모든 게 해결될 것이라는 기대가 너무 안이하게 생각되었다. '자살은 모든 것에서 벗어나게 해주고 고통에서 벗어나게 해준다'는 생각은 너무 이기적인 착각이었음을 알게 되었다. 앞으로 기억하고 싶은 구절이 있다. '자살은 아직 자신이 배워야할 과제를 남겨두고 죽는 행위이다. 자살하면 다음 단계로 넘어가지 못하고 처음부터 다시 시작해야 하기 때문이다. 어떤 사람이 삶의 과정에서 마주치는 어려움을 극복하지 못한 채 자살하고자 한다면, 그는 그 어려움과 함께 사는 법을 배워야 한다.'

'삶과 죽음은 둘이 아니다.' 이것은 생사학의 기본입장이다. 죽는다고 모든 게 끝나는 게 아니다. 잘 살아야 잘 죽을 수 있다. 평화로운 죽음을 원한다면 제대로 살아야 한다. 죽음은 삶의 끝이 아니라 삶의 연장이며 삶의 완성이라는 사실을 진정으로 이해하지 못한다면, 편안하게 죽음을 맞이할 수 없다. 죽음 준비를 충분히 하고 편안하고 여유있게 임종하는 것, 이게 바로 웰다잉이며 웰리빙의 완성이다. 생사학을 보다 많은 사람이 접할 수 있게 된다면, 사람들의 죽음 이해 개선과 자살예방에 큰 효과를 볼 수 있을 것이다. 만일 내가 이 책을 읽지 않고 이 수업을 듣지 않았더라면, 자살충동을 결코 멈추지 못했을 것이다."

사례 5) "죽음 통해 삶을 배운다"

H양은 21살이 되면서 어느 순간부터 자살을 생각했다. 미래에 대한 불안감, 집안 사정의 어려움, 어머니와 아버지의 힘든 모습, 자신의 나태한 생활 태도, 아버지와의 불화, 또 진지하게 사귀던 남자친구와의 이별 때문에 자살을 생각을 하게 되었다. 그러다가 견딜 수 없어 칼을 손목에 대기도 했다. 그 때 자살한다 해도 문제는 해결되지 않는다는 생각이 들었다. H양은 「동양철학의 죽음 이해」 수업을 통해, 죽음은 끝이 아니라 또 다른 시작으로, 죽으면 이 삶에서 평생 사용한 육체라는 헌 옷을 벗어버리지만, 새로운 삶을 시작하면서 새 옷을 입게 된다고 배웠다.

자살을 생각하는 사람은 죽으면 끝이라는 생각을 가지고 있다. 자살을 택한다고 해서 지금 자신을 힘들게 하는 문제들이 해결되지는 않는다.『삶, 죽음에게 길을 묻다』를 읽고 자신의 아픈 기억을 떠올리고 되돌아보는 시간을 H양은 가지게 되었다. "내가 만약 그 순간 생각을 바꾸지 않았다면 어떻게 되었을까." 삶은 시련의 연속이다. 이 시련을 잘 견뎌내야 성숙해질 수 있을 것이며 죽음 또한 잘 받아들일 수 있을 것이다. 이렇게 한 학기를 들으면서 H양은 생각이 많이 변화되었다. 정말로 자살은 해결책이 아니라는 것을 깨닫고 마음 깊이 변화가 일어났다.

H양 수강 소감

"책에는 자살을 직접 혹은 간접적으로 접한 사람들의 얘기가 나와 있었다. 자신이 직접 손목을 그은 사람, 아버지나 어머니가 자살시도를 할까봐 두려워하던 사람들, 평소 친했던 옆집 아저씨가 자살 시도해 실려 가던 모습을 보던 사람까지 많은 얘기가 있었다. 그 부분을 읽으며 나의 모습을 보게 되었다. 나 또한 자살을 생각한 적이 있었다. 마음 속 상처를 밝히기는 꺼려지지만, 교수님께서 익명을 보장해 주실 거라 믿고 솔직하게 고백하려 한다.

자살을 생각한 게 그렇게 오래 전부터가 아니고 또 심각했던 것도 아니었지만, 21살이 되면서 어느 순간부터 생각을 하게 되었다. 아마도 나의 막연한 미래와 집안사정의 어려움, 그로 인한 어머니와 아버지의 힘들어하시는 모습을 보게 된 것, 나의 나태한 태도를 싫어해 기회를 주지 않던 아버지와의 불화, 거기다 엎친 데 덮친 격으로 진지하게 사귀던 남자친구와의 헤어짐 때문에 자살을 생각을 하게 되었다. 마음의 문제는 몸으로 번져 몸에서 음식을 거부하기도 했고, 불면증이 생겼다. 불면증으로 인해 술을 마시지 않으면 잠을 못 자 매일 소주를 1병씩 마시고 자던 기억들을 생각해보면 아마도 우울증 증세가 있지 않았나 싶다.

정신과도 가서 치료를 받을까 생각도 해본 적도 있었지만 주위의 시선이 무서워서 가보지는 못했다. 어디다 털어놓지 못하고 마음을 혼자서만 끙끙 앓고 있었던 탓에 나의 문제는 점점 더 심각해져 가고 있었다는 걸 몰랐다. 어렸을 때부터 그리 유복하게 자라지는 않았지만, 가지고 싶은 것은 다 가지며 자랐다고 나는 생각한다.

20살 무렵부터 아버지의 사업 불안으로 인해 집안 사정이 좋지 않다는 걸 알게 되었다. 동생이 있는데 공부하는 아이가 아니라 운동쪽이어서 유학문제로 돈이 상당히 많이 들어가다 보니 경제적 문제가 심각해져만 가고 있었다. 어머니와 아버지는 내색은 하지 않으셨지만 나의 무분별한 소비, 앞 날은 생각하지 않고 매일 놀러만 다니는 모습에 속이 상하셨는 지 어느 순간 아버지는 나와 말을 섞지 않으셨다. 어느 날 어머니를 통해 집안이 좋지 않아 등록금조차 낼 수 없는 형편이라는 것을 알게 되었다. 사이가 좋던 아버지와의 관계도 나의 실수로 인해 틀어지게 되니 너무 막막해졌다.

또한 집에는 거동이 불편하시고 알츠하이머병이 있으신 할머니와 심장이 안 좋으신 할아버지께서 같이 살고 있다 보니 나까지 우울해지는 기분이었다. 모든 게 무너지는 듯한 기분이었다. 건강하시던 할머니, 할아버지가 한 순간에 그렇게 되는 것을 바라보면서도, 나는 아무것도 할 수 없다는 사실이 나를 무기력하게 만들었다. 집안의 경제 사정 또한 좋지 않아 내가 할 수 있는 게 없어 더욱 힘들었다. 게다가 20살 되던 해 4월부터 일 년을 함께 보낸 남자친구와의 갈등과 이별도 나를 더 힘들게 만들었다. 친구와의 이별은 전혀 생각하지 않았기 때문에 갑자기 찾아온 문제에 마음이 무너져 내렸다.

사람이 스트레스를 받으면 몸에 나타난다 하였다. 자연스레 내 몸에도 그런 반응들이 찾아왔다. 처음에는 분해서 잠을 못자는 줄 알았는데 마음을 통제하려 애를 써 봐도 잠이 잘 오지 않았다. 잠을 자려고 불을 다 끄고 침대위에 눈을 감고 누워있어도 안 좋은 생각만 들고 새벽 4시에 잠들어 아침 7시에 일어나는 패턴이 두 달 동안 지속되었다. 게다가 잠을 못자니 사는 게 너무 힘들어 술을 찾게 되었다. 술을 마시는 날은 잠 들 수 있다는 것을 깨닫게 된 뒤부터, 매일 그렇게 밤마다 소주 1병씩 술을 마시고 잤다. 또한 스트레스로 인해 복통이 심해졌고 장에도 문제가 생겼다. 게다가 음식을 거부하여 7kg이나 빠졌다.

결국 생활의 패턴을 잃게 되었다. 우울증이 자신을 덮쳐왔다. 할 수 있는 일이 아무것도 없다는 생각이 들었다. 죽으면 끝이라는 생각도 하게 되었다. 모든 걸 끝낼 수 있는 유일한 돌파구는 죽음이라는 생각도 들었다. 또한 어린 생각에 죽으면 아무도 슬퍼하지 않을 거라는 마음이 들었다. 그 때는 너무나도 힘들어서 다시는 행복해지지 않을 것 같다는 느낌이 들었다. 웃음도 나오지 않고 눈물만 계속 나왔다.

그러다 견딜 수 없었기에 칼을 손목에 갖다 대었다. 그렇지만 그 순간 눈 앞에 아버지, 어머니, 우리 가족의 모습이 떠올랐다. 부모가 죽으면 땅에 묻지만 자식은 죽으면 가슴에 묻는다는 말이 생각이 났다. 그리고 친구들의 모습이 떠올랐다. 지금 이렇게 내가 생을 마감한다 해도 문제는 해결되지 않는다는 생각이 갑자기 들었다. 그 때 깨닫지 못하였더라면 나는 어떻게 되었을 지 생각하기도 싫다. 내 삶의 소중함이 느껴졌다. 이렇게 무너지면 안 된다는 생각도 들었다.

지금 힘든 건 아무것도 아니고 앞으로 살아나가야 될 날이 얼마나 많이 남았는데, 지금 이런 일도 견뎌내지 못하면 앞으로는 무슨 힘으로 살아가려고 이렇게 나약해 빠진 것인가, 라는 생각도 들었다. 칼을 내려놓고 한참을 울었다. 내 삶의 소중함을 알았고, 죽는다고 문제는 해결되지 않을 뿐만 아니라 남아있는 사람들에게는 씻을 수 없는 상처를 준다는 것을 알게 되었다. 책을 보면서 내가 어느 순간 공감하고 빠져들게 된 이유도 아마 나에게도 이런 아픔이 있었기 때문일 것이다.

제일 공감 가던 부분이 있다. 죽음은 끝이 아니라 또 다른 시작이라는 것이다. 죽음은 육체라는 헌 옷을 벗어버리고 다른 삶이라는 새 옷으로 갈아입는 과정이다. 내가 그러했듯이 자살을 하거나 자살을 생각하는 사람들은 죽음이 끝이라는 생각을 가지고 있다. 그러나 죽음은 끝이 아니다. 책에 나와 있듯이 죽음이란 새로운 시작이다. 지금 우리가 죽음을 택한다고 해서 지금 우리를 괴롭히고 힘들게 하는 이러한 문제들이 해결되지는 않는다. 삶은 계속해서 새로운 시련을 우리에게 던져주고 있다. 지금 우리가 이 시련을 넘지못하고 자살한다면, 죽음 이후에도 우리는 계속 힘들어질 것이다.

이 책을 읽고 자기 경험을 떠올리고 자신을 반성하고 돌아보는 시간을 가지게 되었다. 내가 만약 그 순간 생각을 바꾸지 않았다면 어떻게 되었을까. 죽어서도 후회할 지 모른다는 생각이 갑자기 들었다. 삶이란 고난의 연속이다. 이 시련을 잘 견뎌내야 내 자신이 성숙해지고 보다 완전한 모습을 이룰 수 있을 것이며 죽음 또한 잘 받아들일 수 있을 것이다. 한 때 자살을 시도했던 나도 수업과 이 책을 통해 다시 한 번 삶을 돌아보고 마음을 새롭게 다지는 계기가 되었다. 이렇게 한 학기를 들으면서 의식은 많이 변화되었다. 정말로 자살은 해결책이 아니라는 것을 깨닫고 마음 깊은 내면에서부터 변화가 시작되었다.”

사례 6) "위기에 빠진 나의 삶을 구하다"

K군은 지금까지 살면서 힘든 일이 있을 때마다 모든 것을 그만두고 싶다는 생각과 함께 극단적인 생각을 자주 했다. 부모님의 이혼으로 청소년 시절에는 자주 엇나갔고, 부모님과 갈등은 점점 심해져갔다. 견

딜 수 없이 가슴이 답답할 때마다 항상 아파트 15층에 올라가 까마득한 아래를 보며 죽으면 편할 것 같다는 위험한 생각을 자주 했다. 성인이 되면서 옥상에 올라간다든가 한강 아래를 바라보는 철없는 행동은 자연스럽게 줄어들었지만, 죽고 싶을 정도로 힘든 상황을 맞닥뜨리게 되면 자신도 모르게 항상 자살을 생각했던 것 같다고 했다.

아이러니하게도 자살자 중 정말 죽고 싶어 자살하는 사람들은 없다. 그렇다면 자살자들이 진정으로 원했던 것은 과연 무엇일까? "자살자가 원하는 것은 죽음이 아니라 삶이다. 삶에서 원하는 게 되지 않아 살기 힘드니까 죽음으로 뛰어드는 것일 뿐이다." 바로 이 문장에서 그 해답을 찾을 수 있다고 학생은 말한다. 살고자 하는 욕구를 자살이라는 잘못된 방법으로 표출하는 것이다. 학생도 예전에 부모님에게 사랑과 관심을 받고 싶었을 때 오히려 자살을 고민한 적이 많았다. 하지만 자살을 하면 현실의 고통에서 벗어나는 대신 오히려 더 큰 고통과 불행의 구렁텅이에 빠질 수 있다는 중요한 사실을 알게 되었다고 한다. 어느 자살 시도자의 증언이다.

> "대부분의 사람들은 동요나 후회, 무상감, 절망감으로 인해 목숨을 끊어 버립니다. 그러한 죽음으로는 아무것도 얻을 수가 없습니다. 삶을 도중에 포기하면 자신이 선택한 그 교훈을 얻을 수가 없게 되는 것입니다. 인생에서 도망친다고 해결되는 것은 아무것도 없습니다."

실제로 무속인들은 자살자의 영혼이 이 세상을 떠나지 못한 채 가족의 주위를 맴돌면서 또 다른 불행을 일으킨다고 말한다. 동생이 자살한 가족의 증언이다. "동생의 자살로 오토바이사고, 교통사고, 교도소에 간 사건도 있었고, 죽은 사람도 있는 등 우환이 끊이지 않았어요." 자살을 하면 저승을 가지 못하고 떠도는 것에 끝나지 않고 생전 자신이 가장 사랑했던 가족들까지 괴롭히게 되는 것이다.

　이러한 자살 시도자들의 사례와 유가족들의 사례는, 스스로 소중한 목숨을 포기하는 행위인 자살이 끝없는 고통을 겪게 하는 '인과응보'를 받게 되는 것을 알려준다. 이를 통해 자살예비군이 많은 우리나라가 현재 얼마나 위험한 상황인 지 다시금 알게 되었고, 자살 예방의 중요성도 알게 되었다. 그렇다면 삶을 어떻게 이해해야 하고, 자살예방은 어떤 방법으로 이루어져야 하는 지, 학생은 다음같은 의견을 제시했다.

"생사관의 확립과 생명 교육이 먼저"

　"『자살 예방, 해법은 있다』 책을 다 읽었을 때 비로소 죽음과 자살에 대한 오해와 생사관의 부재가 자살을 하는 가장 본질적인 이유라는 것을 알 수 있었다. '죽음이 무엇인 지 알면 자살을 시도하지 않을 것이다. 죽음의 정체를 알면, 죽음 이후의 세계에 대해 이해하고 있다면, 자살을 선택할 수 있는 마음이 생기지 않을 것이다.'

　하지만 죽음에 대한 이해가 부족한 사람들은 자살이 모든 문제의 해결책이며 죽으면 끝이라고 생각한다. 그러나 단 한 번의 생명 교육만으로도 내 삶이 변화한 것 같다. 사실 「죽음의 철학적 접근」 수업을 만나기 전까지 나는 뭘 하든 의욕이 없었다. 가족과 친구들과의 대화도 무의미하게 다가왔으며, 오랫동안 마음속 깊이 자리 잡은 우울감으로 인해 자존감 또한 바닥을 치는 상태였다.

　우연히 나는 이 강의를 수강할 수 있게 되었으며, 몇 개월 만에 삶에 대한 의욕이 생겨나는 것을 경험했다. 생명 교육을 통해 자연스레 자살할 생각은 사라지게 되었으며, 대신 '의미 있는 삶과 아름다운 마무리'에 대한 흥미와 기대가 내 마음속 깊이 자리 잡았다. 분명한 것은 죽음에 대한 이해를 통해 삶의 질이 향상되었으며 심리적 안정감 또한 되찾았다는 사실이다. 죽음에 대한 교육은 누구에게나 필요하다. 개인적으로는 특히 청소년들에게 죽음에 대한 이해와 교육이 가장 시급하다고 생각한다. 나는 힘든 청소년기를 경험했다. 어떤 삶을 살아야 하는 지, 자살 대신 어떤 해결책을 강구해봐야 하는 지, 누구도 내게 가르쳐주지 않았다.

자살충동을 자주 느끼는 청소년들에게는 죽음 교육이 절대적으로 필요하다. 생사관이 제대로 확립되지 못한 우리 사회에서는 청소년들에게 "죽음, 끝이 아니다" 이처럼 가장 중요한 사실을 아무도 가르쳐주지 않는다. 가능성이 무궁무진한 청소년들에게 정말 필요한 것은 바로 사회적 관계와 심리적 안정이며, 죽음과 삶 그리고 자기 자신에 대한 제대로 된 이해와 교육이다. 나는 이 책을 통해 우리 사회 속 한 가닥 희망의 빛줄기를 본 것 같다. 책의 제목인 『자살 예방, 해법은 있다』처럼 자살 문제도 죽음에 대한 이해와 교육을 통해 충분히 예방함으로써 해결될 수 있다는 것을 알았기 때문이다."

사례 7) 「자살 예방의 철학」 수강 소감

"「자살 예방의 철학」 처음부터 뭔가 쉽지 않은 제목이었다. 하지만 다른 한편으로는 궁금증을 자아내기도 했다. 과연 무엇을 배울 수 있을까? 과연 강의는 어떤 내용을 담고 있을까? 나도 주변에 자살한 친구가 있었다. 4~5년 전 일어난 일인데, 20대 중반의 나이에 친구가 그렇게 떠난 것이 안타까웠지만 한편으론 화가 났다.

강의 첫 시간에 나오는 죽음에 대한 의식 조사의 4가지 질문에 나는 다음과 같이 답했다. '나는 자살충동을 느껴본 적이 없다.' '자살하는

티베트 라사 삼예사

사람들은 고통에서 벗어난다.' '자살할 권리는 있다.' '죽으면 끝이다.'
얼핏 보면 자살 옹호자의 발언같이 들릴 수도 있겠다. 대다수 사람들이
이렇게 생각하지 않을까. 다시 친구의 이야기로 돌아오면 그 당시에도
나는 자살에 대해선 절대 반대였다. 결코 친구는 용서받을 수 없을 것이
라고 생각했다.

　그런데 왜? 왜 자살을 하면 안 되는 것일까? 과연 그 친구에게는 무
슨 일이 일어났을까? 정말 모든 것이 끝나서 편히 쉬고 있을까? 아마도
이런 의문들은 나 뿐만 아니라 많은 사람들이 가지고 있을 것이다. 특히
주변에서 소중한 분들이 돌아가셨다면, 자살 이후 과연 그 분들은 어떤
상태에 있는 지 궁금해 하는 것이 인지상정 아니겠는가? 하지만 답을
줄 수 있는 사람은 없었다.

단언하는데 이 강의를 들은 사람들이라면 이제 알 수 있을 것이다. 사람들은 어떻게 살아야 하는 지, 어떤 사람을 만나야 하는 지 생각하지만, 죽는 것에 대해서 생각하는 사람은 많지 않다. 하지만 이제는 말할 수 있다. 삶이 그렇게 소중했다면 '죽음'도 내 삶의 일부요 연장인 것을, 삶과 죽음에는 경계가 없다는 것을 말하고 싶다. 죽음 통해 내 영혼은 한 단계 더 성숙해질 수 있다. 삶을 스스로 놓아 버리는 자살은 절대 안 된다. 품격 있는 죽음을 맞이하기 위해선 삶 역시 품격 있게 살아야 하기 때문이다.

자신에게 주어진 삶을 스스로 끊는 사람들은, 삶의 고통이 얼마나 컸는지에 상관없이, 죽음 이후 훨씬 더 큰 고통 속에서 몸부림치게 된다. 삶의 고통은 온전히 이 세상에 남고, 수많은 주변 사람들에게 고통을 남기고, 정작 고통으로부터 도망가려고 했던 본인도 벗어날 수 없고 오히려 더 큰 고통에 빠지게 되는 것이다.

한 학기가 마무리되어 가면서, 지금까지 내가 매주 써 온 감상문 중 첫 번째 것을 읽어보았다. '이 강의가 과연 얼마나 많은 성과를 나에게 안겨줄까 의심도 해보았다.' 사실 위에서 나열한 지금까지 내가 배운 사실들, 수강하기 전 나로서는 상상도 못한 일이다. 신은 물론이거니와 영혼의 존재에 대해서 한 번도 믿어본 적이 없는 나였지만, 동영상 등을 통해 실제로 그것을 경험한 사람들이 전해주는 이야기들은 너무 사실적이어서 도저히 거짓이라고 얘기하는 것이 힘들었다. 이것은 나에겐 '증거'였다. 분명히 우리가 볼 수는 없지만, 삶 이후의 삶이 분명히 있다. 그 곳에서도 지금의 삶에서처럼 양질의 삶을 살고 싶다면, 양질의 죽음을 맞이하여야 할 것이다.

누군가 나에게 위에서 한 것과 같은 똑 같은 네 개의 질문을 한다면 난 자신 있게 대답할 수 있다. '죽음은 절대로 끝이 아니고, 스스로 삶을 끝낸다고 해서 고통에서 벗어날 수 없고, 오히려 더 큰 고통 속에 몸부림칠 것이며, 그 누구도 주어진 삶을 자살로 끝낼 권리 따위는 없다. 그러므로 나는 자살을 하고 싶은 생각이 추호도 없다.'

　한 학기 동안, 죽음과 자살에 관해 많이 배웠다. 죽음과 삶이 정말 어떤 것인 지 알게 되었고, 존엄사에 대한 나의 입장을 가족들에게 분명히 밝혀 두었다. 이것에 대한 의지를 문서로 남겨야 할 것이다. 아직은 물론 죽고 싶지 않지만, 만약 그 죽음이 찾아온다면 언제라도 준비가 되어있어야 한다는 것도 알게 되었다. 이 강의를 수강하면서 얻은 가장 값진 것은 바로 '지식'이 아닌 '의식'의 변화이다. 이제 주변에 어떤 사람이라도 자살에 대한 언급을 한다면, 내가 배운 것들을 전해 줄 수 있을 것이다. 그렇게 해서 내가 그 사람을 끔찍한 선택으로부터 구해낸다면, 나는 얘기할 수 있을 것이다. '「자살 예방의 철학」 강의가 한 생명을 구했노라고.'"

지은이 소개

오진탁

현재 한림대 인문학부 교수, 한국 생사학협회 회장. 1997년부터 한림대에서 생사학 강의를 시작. 1997년 외환위기 이후 자살률이 증가해 사회문제로 대두되었으므로, 생사학 콘텐츠를 활용해 자살예방 교육 프로그램을 독자적으로 계발했다.

한림대에서 대학생 대상으로 '자살예방의 철학'을 강의해 많은 효과를 거두고 있다. 한림대에서 우울증 앓았거나 자살충동을 심하게 느꼈거나, 혹은 지금 비슷한 고민을 하는 학생들에게 「자살예방의 철학」「죽음의 철학적 접근」 강의를 수강하라고 공개적으로 말한다.

저서로 『죽으면 다 끝나는가』, 『죽음을 알면 삶이 바뀐다』 등 다수가 있다. 번역서로 『티베트의 지혜』, 『죽음으로부터 배우는 삶의 지혜』 등 다수가 있다.

죽기 위해 자살하는 게 아니다

2023. 10. 30. 1판 1쇄 인쇄
2023. 11. 6. 1판 1쇄 발행

지은이 오진탁
발행인 김미화 **발행처** 인터북스
주소 경기도 고양시 덕양구 통일로 140 삼송테크노밸리 A동 B224
전화 02.356.9903 **팩스** 02.6959.8234 **이메일** interbooks@naver.com
홈페이지 hakgobang.co.kr **출판등록** 제2008-000040호
ISBN 979-11-981749-5-6 03330 **정가** 19,000원

■ 파본은 교환해 드립니다.